四川旅游发展研究中心资助项目，项目编号LY22-01

四川景观与游憩研究中心资助项目，项目编号JGYQ2021002

风景道路网
布局研究

韩 淼 著

电子科技大学出版社

University of Electronic Science and Technology of China Press

·成都·

图书在版编目（CIP）数据

风景道路网布局研究 / 韩淼著. — 成都：成都电
子科大出版社，2024.1
ISBN 978-7-5770-0795-3

Ⅰ．①风… Ⅱ．①韩… Ⅲ．①旅游业—道路网—公路
规划—研究 Ⅳ．①U412.1

中国国家版本馆 CIP 数据核字（2024）第 014500 号

风景道路网布局研究

韩　淼　著

策划编辑　魏　彬
责任编辑　魏　彬
责任校对　唐　宁
责任印制　梁　硕

出版发行　电子科技大学出版社
　　　　　成都市一环路东一段159号电子信息产业大厦九楼　邮编　610051
主　　页　www.uestcp.com.cn
服务电话　028-83203399
邮购电话　028-83201495

印　　刷　成都市锦慧彩印有限公司
成品尺寸　185 mm×260 mm
印　　张　7.5
字　　数　240千字
版　　次　2024年1月第1版
印　　次　2024年1月第1次印刷
书　　号　ISBN 978-7-5770-0795-3
定　　价　48.00元

目 录

第1章 绪 论

1.1 研究背景与问题提出

1.1.1 研究背景

1. 交旅融合是大势所趋

交通运输是我国国民经济发展的重要基础性、先导性和服务型行业。在交通运输通达、顺畅等基本需求得到满足后，伴随着人们多元化、个性化、品质化的出行需求，交通运输供给侧结构性改革的迫切性、必要性日益突出。与此同时，近年来，随着国家生态文明建设不断深化，供给侧结构性改革不断推进，全域旅游和自驾游时代的开启，以及交通强国战略的大力实施，交通与旅游融合发展，成为促进传统交通运输与时俱进、拓展交通运输经济发展空间、丰富交通运输出行体验等的着力点和增长点，成为时代趋势。自驾车旅游、公路旅游、慢行交通等交旅融合产品正在如火如荼地发展，顺应了时代的迫切需求，迎来了重大发展机遇。

国家顶层制度设计层面，重视交旅融合发展。当前，我国旅游业正处于发展的重要战略机遇期，由增量发展向存量优化过渡，迎来了"资源大整合、区域大协同、发展大融合"的时代，国家从顶层制度设计层面高度重视交旅融合发展。交通运输部、文化和旅游部、国家发展和改革委员会等相关部门，先后出台诸多政策法规，从政策保障、体制机制、投融资、项目开发建设等方面，推进交旅融合发展。

多部委联合发文，推进交旅融合发展。2016年11月，国家发展改革委、国家旅游局（现中华人民共和国文化和旅游部）等11部委联合发布《关于促进自驾车旅居车旅游发展的若干意见》，提出了一系列解决自驾车旅居车（又称"房车"）旅游发展问题的政策措施。2017年3月，交通运输部、国家旅游局、中国民用航空局等6部委，发布《关于促进交通运输与旅游融合发展的若干意见》，2018年3月，交通运输部办公厅、国家旅游局办公室两部门出台了《关于加快推进交通旅游服务大数据应用试点工作的通知》，率先推动四川、重庆、浙江、贵州、湖南、青海、山西等地重点实施在景区、旅客运输、旅游市场等的交通旅游大数据应用。

其他部委连续发文，推进交旅融合发展。国务院办公厅2016年10月印发《关于加快发展健身休闲产业的指导意见》，强调推动汽车摩托车运动、航空运动等发展，完善自驾车路线和汽车露营地"三纵三横"布局，航空飞行营地等建设。2018年3月印发《国务院办公厅关于促进全域旅游发展的指导意见》，强调"推动旅游与交通、环保、国土、海洋、气象融合发展，加快建设……特色交通旅游产品"。

交通运输部围绕"交旅融合"发展建设，也发布了一系列重要政策文件及规划。2016年12月，全国交通运输工作会议明确了2017年交通运输十大重点任务之一是加快推进智慧交通绿色交通发展，积极推进"交通运输+旅游休闲"发展，推进交通旅游服务大数据应用，推进现代综合交通运输体系建设。2017年12月，全国交通运输工作会议对交通旅游融合发展提出了新要求。

此外，国家体育总局也发布了如《体育总局办公厅关于加快推动汽车自驾运动营地产业发展的通知》《山地户外运动产业发展规划》等文件，提出要大力推进自驾车营地、房车营地等相关设施建设，以及国家步道、户外骑行道系统等的建设。

2016年以来，国家顶层制度设计层面和会议如表1-1所示。

表1-1　推动交旅融合发展相关政策文件和会议

颁布机构	文件名称/会议名称	时间
国家发展改革委、国家旅游局、交通运输部等11部委	《关于促进自驾车旅居车旅游发展的若干意见》	2016.11
交通运输部、中国民用航空局、国家旅游局等6部委	《关于促进交通运输与旅游融合发展的若干意见》	2017.03
交通运输部办公厅、国家旅游局办公室	《关于加快推进交通旅游服务大数据应用试点工作的通知》	2018.03
国务院办公厅	《关于加快发展健身休闲产业的指导意见》	2016.10
	《国务院办公厅关于促进全域旅游发展的指导意见》	2018.03
交通运输部	全国交通运输工作会议	2016.12
	全国交通运输工作会议	2017.12
国家体育总局	《山地户外运动产业发展规划》	2016.11
	《体育总局办公厅关于加快推动汽车自驾运动营地产业发展的通知》	2018.06

地方政府快速响应，推进交旅融合发展。近年来，全国各地方政府对旅游交通关注度越来越高，重视程度也是空前的。各地在交旅融合方面做了大量工作，取得了很好的实效。自驾车旅游、低空旅游、游轮游艇，以及旅游风景道等特色旅游交通产品开发正在加强；旅游轨道交通、通用航空、旅游水运等旅行方式以及不同方式之间的枢纽衔接的发展得到了实质性的推进；自驾车营地、房车基地、公路驿站等相关配套服务设施的建设也在如火如荼地开展；公共自行车、观光小火车等特色交通游览项目已经在实践中取得显著成果。这些交通旅游融合发展的产品等均具有产业链条完整、带动潜力巨大、从小众起步向大众蔓延的新业态特点，是政府培育重点、企业建设重心和市场消费热点。

总的来看，国家从顶层制度设计、地方政府从实践响应等方面，推动交通运输业、旅游业从封闭的自循环向开放的"交通+旅游"发展方式转变，交通与旅游融合是我国交通运输业转型升级的重要途径，是发展的大势所趋。

2. 风景道是交旅融合发展的重要载体和抓手

随着自驾车和全域旅游时代的到来以及交旅融合的快速推进，风景道、旅游公路、美丽公路等具有交通、游憩、景观、文化和保护等复合功能的新型道路受到国家高度重视，迎来了重大发展机遇。

国家顶层制度设计层面重视风景道发展，顺应了时代的迫切需求。"风景道"一词频繁出现在中华人民共和国文化和旅游部、交通运输部及其他相关部门出台的国家政策文件中。2016年以来，国家顶层制度设计层面重视和大力支持发展风景道，相关政策文件及会议名称、会议要点如表1-2所示。

旅游政策法规方面，2016年以来，中华人民共和国文化和旅游部及相关部门，先后出台多项政策法规，从体制机制、政策保障、投融资、项目建设等方面来推动风景道、旅游公路、美丽公路、绿道、遗产廊道等泛风景道路及自驾车旅游发展。2016年8月，国家发展和改革委员会、国家旅游局共同印发了《全国生态旅游发展规划》，首次提出"打造25条国家生态风景道"；同年12月，再次共同发布《国家发展改革委国家旅游局关于实施旅游休闲重大工程的通知》，提出要重点培育一批国家生态风景道；同月，国务院印发《"十三五"旅游业发展规划》，正式提出"重点建设25条国家旅游风景道，作为优化空间布局，构筑新型旅游功能区的五大重要措施之一"。2017年1月，全国旅游工作会议，提出重点推进旅游+交通发展，提出制定国家旅游风景道标准，这是中国风景道发展的重要突破和转折点，具有里程碑意义。2018年3月，国务院办公厅印发《国务院办公厅关于促进全域旅游发展的指导意见》，强调加快打造旅游风景道等特色交通旅游产品。

交通政策法规方面，2016年，交通运输部围绕"绿色公路"和"旅游公路"建设，发布了一系列重要政策文件，如《关于实施绿色公路建设的指导意见》将拓展公路旅游功能作为绿色公路发展的五大专项行动之一；2017年7月，交通运输部、国家旅游局等6部门联合印发了《关于促进交通运输与旅游融合发展的若干意见》，提出要打造一批特色突出的旅游风景道示范工程，研究构建旅游风景道体系；2017年11月，交通运输部办公厅印发了《关于组织开展旅游公路示范工程建设的通知》，提出开展旅游公路示范工程建设，打造公路旅游精品路线。

此外，中国民主促进会中央委员会在中国人民政治协商会议第十二届全国委员会期间，提出"建设国家风景道体系，打造公路旅游国家名片"的提案。提案认为，建立国家风景道体系，能够发挥旅游供给侧潜能，提升旅游行业水平，促进交通行业转型发展，是我国经济转型发展时期，促进交通旅游发展的最好发力点。

综上可见，国家顶层制度设计层面对风景道发展高度重视，尤其是顺应自驾车旅游时代，对国家旅游风景道、旅游公路、服务区、自驾车营地等建设的大力推进，将风景道发展推向一个新的高度。

表1-2 推动风景道发展相关政策文件及会议名称、会议要点

颁布机构	文件名称/会议名称及要点	时间
国家发展和改革委员会、国家旅游局	《全国生态旅游发展规划》	2016.08
国家发展和改革委员会、国家旅游局	《关于实施旅游休闲重大工程的通知》	2016.12
交通运输部、国家旅游局等6部门	《关于促进交通运输与旅游融合发展的若干意见》	2017.07
国务院	《"十三五"旅游业发展规划》	2016.12
国务院办公厅	《关于促进全域旅游发展的指导意见》	2018.03
交通运输部	《关于实施绿色公路建设的指导意见》	2016.08
交通运输部办公厅	《关于组织开展旅游公路示范工程建设的通知》	2017.11
国家旅游局等	全国旅游工作会议,提出制定国家旅游风景道标准	2017.01
中国民主促进会中央委员会	中国人民政治协调会议第十二届全国委员会提案"建设国家风景道体系,打造公路旅游国家名片"	2017.03

地方政府积极响应,力推风景道建设。近年来,地方政府空前重视风景道发展,各类泛风景道在全国呈蓬勃发展、全面开花发展之势,展现出无限张力。如京津冀蒙以"康养旅游、黄金自驾旅游"为主题定位,打造"环京津冀千里草原旅游大道";河北打造"国家1号风景大道""草原天路"等品牌风景道;浙江率先推进"美丽公路"建设;湖北及安徽提出建设一条跨省域,实现省际互动的大别山国家风景道;内蒙古提出打造通辽科尔沁文化旅游风景道。此外,一些省和区将风景道、旅游公路等写进了"十三五"公路交通发展计划,将强有力地支撑和推动其发展。如贵州省铜仁市规划了乌江国家旅游风景道,并加快推进环梵净山旅游公路及佛顶山旅游公路建设;海南在2023年建成海南环岛旅游公路等。可以说,风景道、旅游公路、景观大道等,成为地方旅游业发展及从景区景点旅游向全域旅游转型发展的突破口,成为地方创建国家全域旅游示范区的首要工作任务。地方建设实践的积极响应,促进风景道迎来了一个大发展的时代。

市场需求热捧风景道。随着旅游业的繁荣发展,旅游已经成为百姓必需性、经常性的消费。同时,中国汽车产业的快速发展,汽车尤其是私家车保有量的飞速增长,加之交通更便捷、闲暇时间增加等因素的综合作用,国内自驾旅游获得快速发展,呈现井喷态势。依据中国旅游车船协会《中国自驾车、旅居车与露营旅游发展报告(2023—2024)》,自驾出游人数36亿人次,自驾游人数占到了国内旅游人数的73.6%。从数量上来看,自驾旅游者成为我国国内最大的出游群体。围绕自驾游游客需求,旅游与相关产业不断融合,新业态、新产品、新模式、新项目层出不穷,以道路为载体的一类新型的、线型旅游景区

或旅游目的地，深受游客喜爱，如川藏公路、草原天路等。其中，草原天路在5月至10月的旅游旺季，单日车流量最高可达2万辆，2024年前三季度，游客量高达640万人次，展现了风景道旅游目的地的强大旅游吸引力和旅游生长力。

综上可见，无论从供给侧还是需求侧，中国风景道都迎来了大发展时代。

3. 风景道路网建设实践的现实需求已产生

在地方风景道建设实践蓬勃推进过程中，单一风景道发展面临的一些问题已初露端倪，进而迫切要求风景道向着网络化、系统化的风景道路网发展。

风景道"草原天路"，因旅游交通拥堵严重，迫切要求建设风景道路网。草原天路仅有一条线性旅游廊道，缺少支线风景道，且道路等级较低，游憩服务设施不足，因而，在旅游旺季，大量游客涌入时，无法有效地引导和疏通旅游车流至周边城市、乡镇、景区景点等，造成大面积游客滞留在草原天路上，引发旅游交通拥堵和瘫痪，难以开展旅游活动。据统计，"草原天路交通容量上限为4 700辆/日，而2016年以来，在5月份至10月份的旅游高峰期，单日车流量最高达1.8万辆，全线严重拥堵，游客体验极差"[①]。面对这一问题，地方政府提出，在重要节点修建游览复线，整合周边城市、乡镇、旅游资源等，形成草原天路风景道路网，以解决交通拥堵，丰富旅游体验，扩大旅游经济辐射范围。

此外，从象山滨海风景道、国家1号风景道、贵州乌江源百里画廊等的规划建设来看，旅游交通建设不能就"交通"而论"交通"。旅游交通发展必须综合统筹协调好交通与旅游、产业、扶贫及空间发展之关系；旅游交通发展应辐射和带动更大区域范围内旅游景区景点、小城镇建设、乡村发展、产业经济增长以及交通枢纽布局完善等方面。要以风景道为轴，向周边辐射扩张，形成风景道路网，以实现多元发展诉求下的旅游、交通、经济、社会等价值的拓展与延伸。

综上可见，风景道路网在地方建设实践方面，已产生了迫切的现实需求。

1.1.2 问题提出

1. 单一风景道不能满足旅游需求

近年来，虽然风景道发展得到国家顶层制度设计层面的重视和支持，获得了地方政府的重视和市场的青睐，正在如火如荼地发展。但也要看到，现阶段的发展以单一风景道的规划建设为主，缺少完善的风景道路网体系的支撑，无法满足多元化的旅游交通需求以及旅游业快速发展需要，而存在诸多问题。

一是单一风景道不利于旅游资源整合。单一风景道以"点—线"发展模式为主，缺乏系统、整体的区域规划，无法与更大范围内的自然、人文等旅游资源、旅游产业经济等产生联系，不利于区域旅游资源整合与开发利用，也不利于区域旅游一体化发展。

[①] 孙冰颖，吴松蔚，常雪松，等. "草原天路"的旅游交通提升[J]. 中国公路，2018（09）：62-65.

二是单一风景道不利于旅游交通流的引导与组织。单一风景道未与周边城镇、交通枢纽等连路成网，而我国人口众多，游憩需求旺盛，尤其是在旅游旺季，自驾旅游需求强劲，客流量大、交通流量大，造成了风景道容量与客源需求时空匹配矛盾冲突较大，引发交通拥堵等问题，降低旅游体验品质。

三是单一风景道不利于旅游活动的组织与开展。单一风景道难以形成旅游回路或环路，存在旅游"断头路"，导致旅游活动组织时，走"回头路"及绕路情况严重。旅游交通线网的缺失，使得单一风景道对周边旅游景区景点连通度低，不利于旅游活动的组织与开展。

四是单一风景道不利于区域旅游经济辐射及带动发展。单一风景道辐射联动周边城市、乡镇、乡村、旅游产业园区等的能力有限，难以产生旅游网络经济效益，不利于整合带动区域旅游经济发展。

综上所述，在风景道建设实践过程中，单一风景道已无法与更大区域范围内旅游景区景点、城镇、交通枢纽、产业经济等产生联系与互动，不利于旅游资源整合、旅游交通的流动与集散、旅游活动的组织与开展等，也制约了风景道强大的辐射与带动作用的充分发挥。因此，基于对风景道发展、旅游发展、社会经济发展等的综合效益追求，迫切需要从一条风景道向网络化、多元化、系统化的风景道路网转型发展，才能够很好地实现交通流和旅游流顺畅，促进资源整合、产业融合，以及全域旅游目的地建设等，并释放出强大的辐射与带动作用。

2. 传统公路网建设对旅游需求考虑不足

传统公路网规划，"以服从于生产力分布的总体格局，满足社会经济发展、服务人民日常生活和交通出行为主要目标，主要承担城市、乡镇等之间的交通运输联系，提供快速、安全、高效益的交通运输服务等"[①]。从旅游的视角看，传统公路网对旅游休憩、旅游服务和旅游体验等考虑较少。主要体现在：公路网络的旅游资源可达性较差，旅游资源间联系薄弱，旅游交通回路或环路较少；通往旅游资源的公路网的技术等级总体偏低，游客难以获得便捷舒适的旅游交通出行体验；公路网游憩服务设施不足或质量较差，与地方文化风俗、自然景观等的融合和展示程度较低，旅游服务品质有待提高等。而现阶段，随着我国生态文明建设推进、交通旅游融合蓬勃发展，以及全域旅游和自驾旅游的兴起，传统公路网已无法满足多样化、个性化的旅游交通出行需求。

因此，迫切要求以交通通达、交通运输等服务为主的传统公路网，更多地考虑旅游发展需求，向协调兼顾景观、旅游、文化、游憩和生态等功能，从综合性、一体化的全新角度整合旅游资源、城镇乡村、交通枢纽、产业园区等要素的风景道路网提升发展。

---

① 王炜，邓卫，杨琪.公路网络规划建设与管理方法[M].北京：科学出版社，2006：21.

综上分析可知，在交通旅游融合发展不断深入，风景道如火如荼发展的背景下，不论是从破解单一风景道发展中的问题以符合建设实践，还是从传统公路网满足时代发展新需求等角度，风景道路网已成为现实发展的迫切需要。然而，目前我国风景道路网相关研究较少。理论上，风景道路网概念体系尚未形成；实践上，如何合理地构建风景道路网并应用于地方实践，尚处于起步探索阶段，未有成熟的案例和经验可供学习借鉴。因此，从理论和实践两方面，都迫切要求开展风景道路网研究，以弥补相关理论研究空白，更好地指导实践工作，这具有十分重要的价值和意义。

1.2 概念辨析与研究对象

1.2.1 概念辨析

目前，在风景道实践发展和理论研究中，不同学科、不同部门经常使用"风景道""旅游风景道""旅游公路""绿道""遗产廊道""文化线路"等概念。

风景道起源于美国，众多国外学者常使用 parkway、scenic byway、culture routes、scenic routes、scenic roads、historic roads 等概念。风景道"具有广义和狭义之分，广义是指兼具交通运输和景观欣赏双重功能的通道；狭义则专指路旁或视域之内拥有审美风景的、自然的、文化的、历史的、考古学上的和（或）值得保存、修复、保护的景观道路"[①]。近年来，随着我国交通与旅游融合发展新要求的提出，一些政策文件使用了"旅游风景道"，本质上和风景道并无区别，且经常混用。

旅游公路是现代旅游业与交通业结合的产物。众多学者对旅游公路概念进行界定，尚未形成统一。综合他们的观点看，旅游公路是连接重要旅游区或大旅游圈内景区各景点，融交通、生态保护与美学价值为一体，提供符合生理、心理需求的服务设施、信息等且整体安全、美观、管理有序的公路。

绿道是指一种线性公共空间，是沿河道、溪谷或者山脊等自然廊道，或者沿运河和道路等交通运输线路，具有休闲游憩功能的道路。主要包括城市河流（或其他水体）廊道；休闲绿道，如各种游径；自然廊道，以生态功能为主；风景道或历史线路；综合性绿道和网络系统。

遗产廊道是指"拥有特殊文化资源集合的线性景观，通常具有明显的经济中心、蓬勃发展的旅游、老建筑的适应性再利用、娱乐及环境改善等特征"。通常，串联多个孤立、分散的遗产点，形成线性遗产区，具有一定文化意义，且为中或大尺度，如河流、峡谷、道路或铁路等线性景观空间。

文化线路是指一种陆地道路、水道或者混合类型的道路，随着历史变迁和功能演替而

---

① 余青，樊欣，刘志敏，等. 国外风景道的理论与实践[J]. 旅游学刊，2006（05）：91.

形成，代表了人类迁徙行为，或某一特定时间内区域、国家或跨国家之间的文化交流，展示了多维的商品、思想、知识或价值的连续性交流，并在时间和空间上产生了互惠因素，并通过物质和非物质遗产进行展示。

综上所述，这些概念互有重复，有些则含义略有不同。其中，风景道强调道路沿线资源品质，自身成为旅游吸引物和旅游产品，且为机动车道；旅游公路侧重于道路与旅游景区景点的连通，以旅游交通通行为主；绿道范围更广，包括自然廊道、交通运输廊道等，机动车道或非机动车道，强调自然生态系统的保护与开发；遗产廊道主要衍生自绿道，是注重自然生态与文化景观价值的保护与开发利用的综合性保护措施；文化线路是一种文化要素展示，更注重文化意义，强调线路中文化的交流与互动，可以是物质或非物质的线形空间。在实践和理论研究中，这些概念也被我国不同的学科分别引入，公路交通学科经常使用旅游公路，旅游学科经常使用风景道，景观学科则更多使用绿道、遗产廊道或文化线路等。但总体上来观察，它们都是一类特殊的景观道路，实现了道路从单一的交通功能向游憩、生态、保护等复合功能的转变。因此，使用"泛风景道"来统称上述各类术语。

1.2.2 研究对象

研究对象包括风景道路网和风景道路网布局。

（1）风景道路网是在一定区域范围内，以旅游资源为先导，以交通路网为基础，整合风景道廊道范围内的旅游资源、旅游城镇、旅游交通枢纽、旅游产业园区、旅游服务设施等运输点，以及这些运输点之间的道路，按一定规律组合而成的具有旅游、交通、景观、文化、生态和经济等功能的网络系统有机集合体。

研究问题包括风景道路网概念、风景道路网构成要素及构成原理、风景道路网节点体系分类及组合、风景道路线等级及与一般公路相关性、风景道路网形成机理，以及风景道路网与一般公路网区别等方面。

（2）风景道路网布局是一项系统工程，是指在一定区域范围内，根据社会经济、交通、旅游等发展条件，以及旅游资源、自然生态、地形地貌等环境条件，以旅游发展为目标，交通发展为先导，为实现交通与旅游、城镇、产业等深度融合发展，而确定一批重要风景道路网节点，并采用适宜的方法，按照一定规律将风景道路网节点进行连接，形成风景道主道、风景道集疏线和风景道连接线，最终得到合理的风景道路网平面布局方案的过程。

研究问题包括风景道路网布局概念及内容、布局目标、布局原则、影响因素等；传统公路网节点重要度法应用于风景道路网布局的局限以及改进思路，风景道路网节点重要度指标、权重和模型，风景道路网节点层次划分，以及风景道路网逐层布局方法；乌江风景道路网理论构建和布局实践应用。

1.3 研究目的与研究意义

1.3.1 研究目的

国内外风景道路网研究较少。通过对风景道路网概念内涵、构成要素及原理、形成机理等方面的研究，全面而系统地了解和掌握风景道路网概念、风景道路网节点类型、风景道路线等级、风景道路网功能及特征、风景道路网形成的内生动力和外生动力与作用机理，以及风景道路网与一般公路网的区别与联系等。

通过对传统公路网布局方法的优劣、传统公路网节点重要度法布局的关键问题与局限性等进行分析，为风景道路网节点重要度法布局研究提供理论依据和技术支撑，从而创新性构建风景道路网节点重要度模型、节点层次划分思路，以及风景道路网逐层求解路线重要度最优树方法。

将风景道路网理论和基于节点重要度的布局方法应用于乌江风景道路网建设实践，进行理论与实践相结合的研究，验证理论、模型和方法的正确性和实用性。

1.3.2 研究意义

1. 理论意义

目前，风景道路网研究主要围绕泛风景道路网少量开展，尚未形成统一和系统的概念体系，以及合理指导布局的理论和方法，研究视角较为单一，存在研究空白。我国交旅融合发展的不断深入、风景道从单一路线向网络化扩张发展的现实需要以及传统公路网供给侧结构性改革与提升旅游、景观、文化、游憩等功能的发展趋势，使开展风景道路网研究具有必要性和迫切性。

因此，本书立足于中国生态文明建设、交旅融合发展、风景道发展、自驾车旅游兴起等时代背景，宏观与微观相结合、整体分析与个案研究相结合、理论研究与实践探索相结合，开展风景道路网理论基础研究和风景道路网布局研究。理论意义在于：首次提出了风景道路网概念，厘清了风景道路网相关理论问题，完善了风景道路网布局相关内容，并构建了风景道路网节点重要度模型，提出了风景道路网布局方法。这对于弥补风景道路网理论、布局方法等方面的研究空白，对于旅游学、交通学以及风景道路网等理论研究和实践发展具有重要的理论价值和意义。

2. 实践意义

将风景道路网理论及布局方法应用于案例研究，具有重要的实践应用意义。现阶段，风景道路网仍处于探索和萌芽阶段，尚未有成熟的建设经验可借鉴。本书将风景道路网理论及布局方法应用于贵州省乌江风景道路网实际案例研究，对于构建合理的乌江风景道路网具有重要的实际应用价值。同时，检验了理论的正确性和适用性，获得的风景道路网建设有益经验，对于有效指导和推广风景道路网在我国的建设和发展具有先试先行的实践应用意义。

1.4 研究方法与技术路线

1.4.1 研究方法

本书主要采用了文献研究法、理论研究法、模型研究法、实证研究法及问卷调查法。

文献研究法：这是依据研究目的或课题，通过搜集、鉴别、整理等方法，从文献中获得对研究问题、研究对象等的科学认识的一种方法。本书通过文献研究法，了解和掌握国内外公路网、泛风景道路网相关概念体系及布局研究的主要内容和进展，明确泛风景道路网研究差异及不足，进而提出本书研究对象和主要研究内容，即风景道路网基础理论以及风景道路网布局。

理论研究法：该研究法的直接目的在于从调查资料中引出理论、观点来。本书应用理论研究法，通过比较分析、归纳演绎、分析与综合、抽象到具体、系统分析等，提出风景道路网概念，构建风景道路网理论基础，剖析风景道路网构成、功能、特征、形成机理等本质属性，以及风景道路网布局主要内容等。

模型研究法：这是先依照原型的主要特征，创设一个相似模型，然后透过模型来间接研究原型的一种方法。本书采用模型研究法，基于传统公路网节点重要度模型，根据风景道路网节点特征，引入风景道路网特征变量，构建风景道路网节点重要度模型。

实证研究法：这是研究者为提出或检验理论假设，收集观察资料并展开研究的一种方法。本书在系统探究风景道路网理论、风景道路网节点重要度法布局方法基础上，将理论应用于实践，通过乌江风景道路网实证研究，探索风景道路网理论基础和布局方法的合理性和适用性等。

问卷调查法：这是通过交谈、访问、答卷等形式获得调查资料，并对资料进行分析，进而形成对研究对象的一定认知和理解的一种研究方法。本书采用问卷调查法进行乌江风景道路网实证研究。通过实地调研、会议座谈、深度访谈、问卷调查等方式，获取构建乌江风景道路网的基础数据，如研究区社会经济、文化、自然地理环境等特征与节点重要度指标及数据等，以用于乌江风景道路网节点重要度模型及布局的计算。

1.4.2 技术路线

本书研究技术路线如图 1-1 所示。

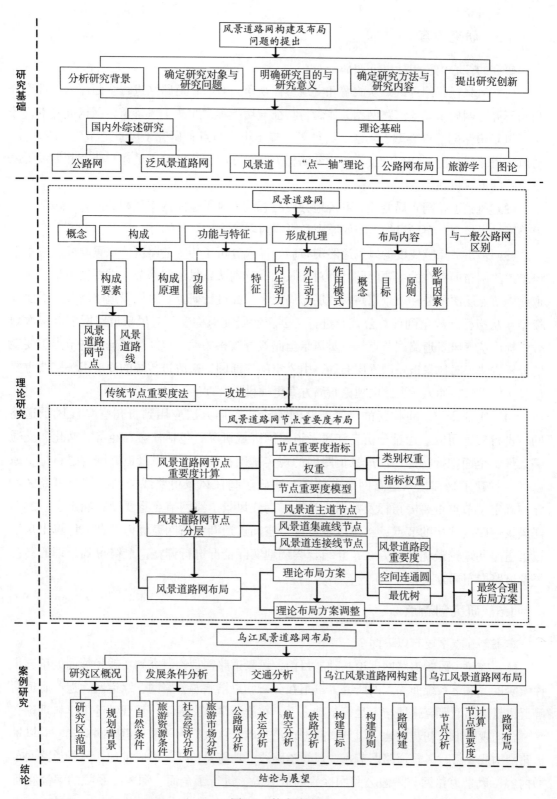

图1-1 技术路线图

1.5 研究内容

研究的核心内容包括以下四部分。

（1）风景道路网理论。从旅游和交通整体视角，对风景道路网进行全面深入的理论分析与研究，明确了风景道路网相关概念、特征与功能等；厘清了风景道路网构成要素，分析了风景道路网节点类型、功能、特征等，提出组合节点；研究了风景道路线等级划分，对风景道路线功能、特征以及与一般公路相关性等方面进行了深入论述；研究并揭示了风景道路网形成机理。

（2）风景道路网布局概述。系统地分析与总结了风景道路网布局相关内容，包括风景道路网布局概念、布局目标、布局原则和影响因素等。

（3）基于节点重要度的风景道路网布局。深入分析了传统公路网节点重要度法应用于风景道路网布局存在的主要问题。针对局限性，分别从风景道路网节点重要度模型、风景道路网节点层次划分和风景道路网逐层布局三个方面进行研究。对风景道路网节点重要度模型，从指标、权重到计算公式，进行了创新性研究与构建；对风景道路网节点层次划分，提出统筹风景道路网节点与三类风景道路线等级相关性，以及风景道路网节点重要度的分析方法；对风景道路网逐层布局，引入空间连通圆，来改进传统的逐层求解路线重要度最优树方法，使风景道路网理论布局方案更加科学合理。

（4）实证研究。将构建的风景道路网理论及布局方法应用到贵州省乌江风景道路网，进行实证研究。通过分析乌江风景道路网区域概况，包括社会、经济、文化、交通等条件，全面把握构建乌江风景道路网的现实基础；提出乌江风景道路网构建目标、原则等，构建了乌江风景道路网节点体系，明确了乌江风景道路线类型；结合研究区实际，确定了节点重要度指标及数据，计算了乌江风景道路网节点重要度；确定了三类乌江风景道路线连接的节点；将路段重要度，空间连通圆和路网最优树结合，计算出乌江风景道路网理论最优布局方案，并结合案例地实际情况进行调整，最终得到合理的乌江风景道路网布局方案。

1.6 研究创新点

本书创新点主要有以下两个。

（1）构建了风景道路网理论基础。目前，风景道路网理论研究和实践发展尚处于起步探索阶段，缺乏系统而深入的研究。本书在分析和总结旅游公路网、绿道网、遗产廊道网等泛风景道路网研究进展与不足等基础之上，在旅游学、交通学、景观学等多学科理论交叉融合的视野下，初步构建了风景道路网理论基础，首次提出了风景道路网概念。对风景道路网构成要素、风景道路网节点、风景道路线、功能及特征、形成机理、风景道路网布局内容、风景道路网与一般公路网区别与联系等，进行了全面、深入、系统的解读和研究，在国内尚属首次。

（2）构建了风景道路网节点重要度模型。风景道路网节点重要度模型是风景道路网布局研究中最为基础和重要的部分之一。基于风景道路网理论基础研究，从风景道路网节点体系、节点组合、节点与风景道路线类型及等级的相关性等方面分析，建立了风景道路网节点重要度指标体系、节点类别权重和属性权重，创新构建了风景道路网节点重要度模型。

第2章 文献综述

风景道路网是公路网的一种特殊类型，对风景道路网的研究必须立足于公路网，以此为基础进行拓展和延伸。因此，本章针对公路网和风景道路网，对概念体系、布局方法、节点重要度法布局三方面的研究成果进行综述，发现了风景道路网相较于公路网现有研究存在的一些问题和值得研究探索的方向，为本书的研究提供了重要的基础性资料。

由于在实践和理论研究中，不同学科、不同部门经常使用风景道、旅游公路、绿道、遗产廊道、文化线路等概念。这些概念互有重复，有些则含义略有不同，但总体上都是指路旁或视域之内具有审美、游憩、文化、历史、考古等价值的自然或人文景观的道路，实现了道路从单一的交通功能向交通、游憩、生态、保护等复合功能的转变。因此，本章使用"泛风景道"一词，来统称上述各类术语。目前，直接与"风景道路网"相关的论文较少，因此，本章对"泛风景道路网"进行研究综述。

文献主要源于相关著作、核心期刊论文、博士论文以及少量高质量的硕士论文等。核心期刊论文和学位论文文献检索时间范围为1995年至2019年。英文文献主要从Science Direct（Elsevier）和 Springer Link（Kluwer Online）等数据库中查询，中文文献主要从中国知网（CNKI）和万方数据库查询。

公路网文献检索方式：以标题或关键词为"公路网+布局（highway network+ layout）""公路网+规划（highway network+ planning）""公路网+节点重要度（highway network+ node importance）"进行检索。

泛风景道路网文献检索方式：以标题或关键词为"风景道路网+布局/规划/节点重要度（scenic byway/highway/road/drive/route/corridor network+ layout/ planning /node importance）""旅游公路网+布局/规划/节点重要度（tourist/tourism/travel highway（road）network+ layout/ planning /node importance）""绿道网+布局/规划/节点重要度（greenway network+ layout/ planning /node importance）""遗产廊道网+布局/规划/节点重要度（heritage corridor network+ layout/planning /node importance）""文化线路网+布局/规划/节点重要度（cultural/historical route network+ layout/planning /node importance）"进行检索，并对绿道网、遗产廊道网、文化线路网等文献中，未以机动车道为研究对象的文献进行剔除。

2.1 公路网相关研究

2.1.1 公路网相关概念

公路网概念体系是一个研究重点，主要包括定义、构成、特征、功能、分类等。

公路网概念。在国外，公路（Highway）主要是指陆地上的任何公共或私人道路（Roads），主要用于表示主要道路（Major roads）。进而，Boeing（2017）提出，公路网是一个相互连接的线和点（又称为网络科学中的"边和节点"）的系统，代表给定区域的一个相互连接的道路系统，旨在容纳汽车和行人交通[①]。在我国，根据《道路工程术语标准》（GBJ 124—1988）的定义，公路网是指为"在一定区域内，由各种道路组成的相互联络、交织成网状分布的道路系统，全部由各级公路组成的称为公路网"。高红江等（2012）结合公路网规划研究，将公路网定义为：由规划区域内的运输点，以及连接诸运输点的所有公路，按一定规律组合而成，特定功能的有机集合；区域内的城市或集镇，以及某些运输集散点（大型工矿、农牧业基地、车站、港口等）称为运输点，被视为节点，运输点之间连线称为公路路线。公路网节点（即运输点）是指存在于一定区域内，根据需要人为地划分出来表现运输服务需求的点；公路路线是指连接公路网节点的公路。

公路网构成是研究的一个方面。Tolley等（2010），Rodrigue等（2013）认为，公路网构成主要分为两部分，即交叉点和道路，这些道路包括城市道路、农村公路、高速公路等，这些交叉点是网络图上的节点，是线路或边的交点。李娟从网络构成元素角度，认为"公路网由顶点（公路网节点）和边（公路路线）构成"[②]。刘昭敏认为"公路网是一个多元素系统，由运输点和公路路线组成"[③]。总的来看，公路网构成要素包括公路网节点和公路路线。

对于公路网特征，学者们基本达成一致意见。公路网是服务于运输需求的网状系统，具有系统的基本特征，主要表现为四点：一是集合性，公路网是由不同规模、重要性的运输点，以及不同级别公路，按一定方式组合而成的，是一个集合体；二是关联性，公路网运输点和公路路线相互联系、相互制约，与地区自然、经济等条件相互联系和影响且受到公路网全局因素制约，具有时间和空间关联性；三是目的性，公路网具有特定功能，是为实现一定的目的和功能而建设的；四是适应性，公路网作为一个系统存在于特定环境之中，对公路运输、区域综合交通运输、社会经济等系统具有适应性。

学者们对公路网功能进行了研究。国外学者 Keeler（1994）、Miller（1998）、Deblinger（2010）等总结公路网主要具有社会功能、经济功能、流动功能和安全功能。我国学者周

---

① BOEING G. OSMnx: New Methods for Acquiring, Constructing, Analyzing, and Visualizing Complex Street Networks[J]. Computers Environment & Urban Systems, 2017(65): 127.

② 李娟. 区域公路网络分析[D]. 成都：西南交通大学，2008: 61.

③ 刘昭敏. 基于通达程度的公路网功能层级划分研究[D]. 西安：长安大学，2010: 34.

宪华（1991）、曾学福（2004）主要强调了公路网的运输联系和服务功能、国防建设功能和生态环境保护等功能。总的来看，公路网功能主要包括以下四点。一是社会及运输服务功能，指能够满足社会联系、社会互动和社会生活的区域内外交通需求；承担城市、乡镇、城乡之间的运输联系；促进和维持区域内交通的流动、通畅，提高可达性；确保道路使用者安全，保证快速高效的优质运输服务等。二是经济功能，指通过地理上的连接，促进人员、货物和服务的运输和流动，创造经济价值。三是国防建设功能，指连接重要军事基地、边防口岸等，满足国防和军事建设、防灾抗灾等需要。四是生态维护功能，指维护生态平衡、防止水土流失，注意环境保护，方便人民生活。

公路网依据不同分类标准，存在多种分类结果。美国按照政治、军事、经济意义和行政管理范围，将公路网划分为四类，最高级为州际与国防公路网，是全国性的主要干线；其次为一、二级国家公路网，是沟通州、城市与城市之间的一般干线和辅线；次之为县和地方道路网，即联接干线、辅线，又深入基层与农村道路相通[①]。我国公路网目前主要分为三个级别，即：国道网、省道网和地方道路网，前两者是全国和省市公路网骨架，是公路运输的"主动脉"，后者则作为"枝杈"。在此基础上，朱金龄（1994）将国道和省市干道作为干道网，将地方道路网细化为县道和乡道。

公路网节点根据属性和功能，主要分为三类，分别是：行政类，即市、县、乡镇、行政村等政府驻地；交通类，即航空、铁路、水路以及公路的场、站、码头等运输枢纽所在地；经济类，即地区性的商业贸易交流中心、工农业生产基地、旅游景区等。

公路路线，即公路网中连接诸运输点的公路，学者们主要研究了其功能分类。美国根据*Highway Functional Classification Concepts, Criteria and Procedures*将公路按功能分为主干线公路、次干线公路、集散公路和地方公路。英国，"公路按功能分为主要公路（包括高速公路和Ⅰ级公路）和次要公路（包括Ⅱ级公路、Ⅲ级公路和未定级公路）两大类"[②]。日本，"公路按功能分为高等级干线公路、区域高等级公路、绕行线（侧线）或环城路、大都市地区机动车专用路"[③]。

我国根据《公路工程技术标准》（JTG B01—2003），将公路按功能分为干线公路（细分为主要和次要）、集散公路（细分为主要和次要）和支线公路；按照技术等级分为高速公路、一级公路、二级公路、三级公路和四级公路，基本与公路功能分类对应起来；按照行政级别，分为国道、省道、县道、乡道和专用公路。此外，一些学者研究了特定目标公路网的公路分类。王元庆等（2005）将"开发区公路网分为与母城联系公路、对外辐射公路和区内公路"[④]；苑文萍等（2014）按照新型城镇化建设要求，将"县域公路网分为对

---

① NIKOLAIDES A. Highway engineering: Pavements, Materials and Control of Quality[M]. CRC Press, 2014: 56.

② 曲福田. 典型国家和地区土地整理的经验及启示[J]. 资源与人居环境，2007（20）：12.

③ HAYASHI K.The Japanese experience with the Blue Book and subsequent activities in environmental biosafety of GM crops[J]. Environmental Biosafety Research, 2006, 5（4）：237.

④ 王元庆，陈少惠. 飞地城市型开发区公路网规划方法[J]. 长安大学学报(自然科学版)，2005（05）：75.

外主通道，内部干路、联网路和社区路"①。

综上所述，对公路网概念研究，学界基本达成共识，形成较为一致的概念体系。研究和梳理公路网概念体系，对于启示和推进风景道路网概念的研究具有十分重要的意义。

2.1.2 公路网布局

1. 公路网布局内容

公路网布局内容的研究主要集中在概念及内容、布局目标、影响因素、布局原则及布局模式等。

（1）概念及内容。Rogers（2008）指出，"公路网布局规划可以看作是一个关于未来公路系统的决策过程"②，秦霞等（2006）提出"对公路网进行现状调查和分析、区域社会经济、交通需求等预测后，以一定目标和条件为依据，科学合理地选择规划线路，将控制点连接起来，形成公路网平面布局方案"③。不同学者对公路网布局内容存在不同看法。张生瑞等（2009）则认为，"公路网布局内容主要包括分析规划区域交通区位、选择公路网节点以及网络布局优化"④。裴玉龙（2011）等认为"公路网布局内容为确定公路网合理发展规模、选择公路网节点以及网络布局设计"⑤。

（2）布局目标。一些学者研究了不同类型公路网的布局目标。Siskos等（1989）、Gu-Mugdha等（1997）认为，通过合理公路网布局，要实现的目标主要包括："确保高效和快速的交通流动性，减少交通时间和交通拥挤；提供和提高行驶安全，减少交通事故；满足未来发展，以及特定规划期的预期交通需求；减少交通造成的环境负面影响；实现与其他交通方式，以及相邻州的公路设施统一"⑥⑦。关昌余（2008）提出"国家高速公路网布局目标，应实现支持国家社会经济发展、国家安全战略、国家综合运输发展以及公路交通发展"⑧。

（3）影响因素。学者们从多角度探讨了公路网布局影响因素。Potocnik（1998）提出"影响斯洛文尼亚森林公路网规划的影响因素主要包括自然条件、森林状况和现有交通运输"⑨。Oguchi等（2005）认为，公路网规划要考虑交通拥堵、交叉口密度、道路几何等

① 苑文萍，许永永，梁先登. 新型城镇化建设中的县域公路网规划[J]. 交通标准化，2014，42（11）：39.

② ROGERS M. Highway engineering[M]. Blackwell Publishing Ltd, Oxford，2008：35.

③ 秦霞，顾政华，李旭宏. 区域公路网布局规划方案的连通度评价指标研究[J]. 土木工程学报，2006（01）：112.

④ 张生瑞，周伟. 公路网规划理论与方法[M]. 北京：中国铁道出版社，2009：11.

⑤ 裴玉龙. 公路网规划[M]. 北京：人民交通出版社，2011：23.

⑥ SISKOS J, Assimakopoulos N. Multicriteria highway planning：A case study[J]. Mathematical & Computer Modelling, 1989, 12(10-11):1401.

⑦ Baonan G, Shaoqin Z, Ning H, et al. Discussion of Several Problems in Highway Network Planning[J]. China Journal of Highway and Transport, 1997(1):78.

⑧ 关昌余. 国家高速公路网规划理论与方法研究[D]. 哈尔滨：哈尔滨工业大学，2008:55.

⑨ POTOCNIK I. The Environment in Planning a Forest Road Network[J]. Springer Netherlands, 1998:22.

影响因素。Meyer（2016）指出，"公路网布局需要全面考虑人口统计、土地使用、出行需求，以及交通替代模式、环境、利益相关者的关注点和资金等因素"①。我国学者周伟等（2004）对欠发达地区公路网、顾政华等（2005）对区域高速公路网、张博（2008）对县域公路网等的布局影响因素研究，具有一定代表性。综合他们的研究看，影响公路网布局的因素主要有社会经济发展需求、国土和地理特征等、综合交通运输体系布局，以及客、货运交通需求。

（4）布局原则。一些学者对公路网布局原则也进行了总结，如 Cuperus 等（2001）、Smith（2004）、Cillier 等（2013）对公路网布局原则的探讨，还有李旭宏等（1997）对县乡公路网、赵志宏等（2006）对快速路网布局原则的研究具有代表性。总的来看，主要强调整体优化原则、协调性原则、因地制宜原则和可持续性原则。

（5）布局模式。公路网布局模式也是研究的一个方向。根据不同标准，公路网布局模式可以划分为不同类型。根据公路线路在区域范围内的几何分布模式，雷·布林德尔提出格网型和支流型形态。在此基础上，学者们对布局模式进行类型细分。斯蒂芬·马歇尔（2004）认为"路网形态主要包括棋盘格形、线形、放射形、脊椎形或树形、环形等"②。王炜等（2000）将公路网布局模式划分为放射式、三角式、树权式、并列式。此外，陈波等（2015）根据公路交通资源分布的集中程度，将公路网布局模式划分为分散型和集中型。在实际路网布局规划过程中，通常将多种模式组合使用，最终形成混合形式的公路网布局。

2. 公路网布局方法

国外的公路网布局方法一般包括经验调查法、数理解析法、四阶段法、网络设计问题等。

早期，主要采用经验调查法，依赖规划人员的工作经验和个人知识进行公路网布局。20世纪10年代到20年代美国加州公路网、20世纪30年代德国公路网等，是采用经验调查法进行公路网规划的杰出成果。随后，又引入数理解析法进行公路网布局规划且主要用于初始路网拟定、小规模路网规划，以及县乡公路网布局，但缺乏系统分析与整体优化。

20世纪50年代，美国芝加哥市发表 *Chicago Area Transportation Study*，首次提出采用四阶段法来解决交通问题。四阶段法以微观经济学理论为基础，侧重于交通生成、交通分布、交通方式划分和交通分配四个阶段的交通需求预测，而在实现路网合理布局的理论与方法方面比较欠缺。学者们主要对四阶段法的四个阶段进行了许多有益研究，如 Amila 等（2017）针对缺少最新土地利用数据的情况，提出基于网络中心度的交通小区交通生成预测方法。Yongmei 等（2018），应用大数据的理论和方法，讨论了包括全样本交通需求分布模型在内的三种交通需求预测方法，Seungil 等（2017）研究了2006—2010年各城市交

---

① MEYER M D. Transportation Planning Handbook：Institute of Transportation Engineers[J]. Wiley，2016：31.

② MARSHALL S. Streets and Patterns[J]. Classification，2005，56.

通方式划分与小汽车出行比的变化关系，以建立紧凑型城市交通规划政策。Jiang 等（2016）提出了多中心城市的反应型动态用户最优模型，模型在当前交通信息下，使用户选择路径规划下的瞬时旅行总费用最小。

20 世纪 80 年代，伴随计算机技术的迅速发展以及大规模运算的实现，逐渐开始了交通网络设计问题的研究。1973 年，Morlok 首次针对城市交通网络提出交通网络设计问题。随着交通发展，学者们开始将网络设计问题引入公路网研究，将公路网布局看成网络设计的优化。Hideo 等（2004）利用用户均衡唯一性进行公路网布局优化研究。Król 等（2016）在考虑投资预算情况下，以总旅行时间成本为上层目标函数，以每个过程步骤搜索流量的最佳分布为下层目标函数，建立路网双层规划模型。Caggiani 等（2017）提出，通过在柔性公平约束下最小化系统总成本，考虑网络用户路径选择行为，来确定路网的最优布局。

此外，一些学者从不同角度，根据实践的不同需求，以不同的目标为指向提出路网布局方法。Katsuhiro 等（1980）应用计算机技术，通过对数字地形图上任意两个相邻网格点之间线段的扩展，绘制区域森林公路网布局。Scaparra 等（2005）提出了一个农村公路网络设计模型，该模型以路网全年连通性和路网使用效率最大为优化目标，以固定预算为资金约束，采用贪婪随机自适应搜索程序和路径程序进行启发式求解。Yang 等（2013）以景观生态学和公路网标准为基础，利用人工智能、遗传算法建立布局模型，并利用 GIS（地理信息系统）平台实现路网布局。Stergios 等（2015）以希腊萨索斯岛森林公路网为例，基于多准则评价技术，设计了具有最佳空间规划和最小环境影响的森林公路网空间布局。Álvarez-Mirandaa 等（2018）针对森林公路网，将未来森林增长和木材价格的不确定性与森林内公路建设的净现值、碳封存和土地侵蚀等结合起来，开发了一个随机多准则模型。

国内公路网布局研究起步较晚。总的来看，我国应用较广的公路网布局方法以经验调查法、四阶段法、节点重要度法、交通区位法、动态规划法为主，多种方法通常组合应用。

早期，我国公路建设主要关注省、市、县等行政中心的连通，多采用经验调查法，如1964 年编制的《国家干线公路网规划草案》。到了 20 世纪 80 年代，以引进西方四阶段法进行公路网规划成为主流，围绕交通生成、交通分布、交通方式划分、交通分配四个阶段进行了深入探索研究，取得大量研究成果。如汪垚等（2015）基于城市人口、土地利用类型与交通出行需求三者之间的相关性，研究新城区交通生成预测模型；孙焰等（2007）研究了动态交通分布预测方法；孙启鹏等（2016）研究了交通服务水平、运行效率和资源消耗传导下的通道交通方式选择模型，以隽志才等（2014）、高自友等（2009）、陆化普等（2004）为代表，研究了动态交通分配模型及算法等。而在路网布局方面，主要以路段分配交通量为依据，结合地方发展目标，依靠专家经验对路网布局进行设计。

进入20世纪90年代，我国学者结合实践经验，提出了一些与中国国情相适应的公路网布局方法，主要包括节点重要度法和交通区位法。通常，学者们将两种方法取长补短，组合应用于公路网布局。乐晓峰等（2004）对江苏省公路网、王元庆等（2005）对飞地城市型开发区公路网、赵志宏等（2006）对城市快速路网的布局规划，综合应用交通区位法和节点重要度法，通过建立动态布局流程，找出重要的交通区位线，并应用节点重要度法计算路网最优树，最终将二者叠加得出合理的路网布局方案。

此外，白雁等（2005）将经验调查法与节点重要度法相结合来设计农村公路网。凌坚等（1997）对肇庆市公路网、蔡元德（2008）对农村公路网的布局研究，组合应用了四阶段法、节点重要度法和经验调查法。

一些学者采用动态规划法，通过建立优化模型，优化求解形成布局方案。通常建立以运输时间最短、运输成本最小、重要度最大等为优化目标，以路网规模、土地、资金和环境等为约束条件的优化模型来研究公路网布局。陈艳艳等（2003）将综合效益最优作为公路网规划目标，在建设投资约束条件下，设计了满足路网交通需求的布局优化模型并采用正交枚举法求解。梁颖（2005）通过单元重要性分析，建立以路网综合效益最大为目标的公路网络规划方案优化的模型，利用枚举法等离散优化方法求解。刘弈等（2011）建立了基于引力模型和拓扑结构的城际交通公路网络布局模型，采用交互式算法求解。熊巧（2015）以网络加权连通度为目标，考虑连接效率及连线成本等，构建多目标规划模型。此外，虎啸等（2009、2010）构造了基础路网规划的四因素模型，基于ArcGIS平台开发了模型求解算法。

近年来，随着网络设计问题成为研究热点，学者们也开始将公路网布局看成网络设计的优化进行研究。易富君等（2011）构建上层以建设资金最少、路网连通度最大为目标，下层以总的行驶时间最小为目标的双层规划模型，设计遗传—模拟退火算法来求解。苏标等（2016）围绕新型城镇化模式下的道路交通规划，设计了离散交通网络设计模型与算法。田晟等（2017）综合考虑路网可达性和随机用户均衡分配交通分配，并引入节点重要度，研究基于随机均衡配流的连续网络设计，可以提高道路利用率。

综上所述，公路网布局是公路网研究的重要内容。明确公路网布局概念及内容、布局影响因素、布局原则及模式等，是合理进行公路网布局规划的基础。在经历了近一个世纪的发展历程后，逐步形成了以经验调查法、四阶段法、节点重要度法、交通区位法、网络设计问题等为主的公路网布局方法。通常几种方法综合运用、取长补短，以达到比较理想的布局效果。此外，学者们根据研究目标公路网特征，结合实际，以不同的目标为指向需求而提出一些针对性强、适应性强的新的布局方法或模型，具有一定的科学性和实用性。

2.1.3 公路网节点重要度法布局

节点重要度法是目前国内应用较广的公路网布局方法，研究成果较丰富，而国外研究较少。

国外对公路网节点重要度法布局的研究较为零星。Song 等（2011）在现有节点重要度评价指标基础上，新增了城市流量强度指标，应用因子分析法来确定节点重要度，利用 K 均值聚类算法区分节点重要性程度。Gao 等（2011）构建了体现节点军事重要性的节点重要度模型，选择最优规模法和逐步调整法来优化边疆区域路网。Loro 等（2015）在研究野生动物栖息地路网布局时，将栖息地景观板块作为节点，将连接这些板块的动物廊道作为链接。Wang 等（2013）阐述了路网节点可靠性对于路网布局的重要性。Xi 等（2012）从社会经济、公路交通量、交通区位等方面，建立了公路交通枢纽节点重要性和交通区位评价体系，采用模糊层次分析法计算各指标权重。Ahmadzai 等（2018）提出基于 GIS 测定路网节点和路段的重要性，以此采用"自然道路网络集成图"方法对道路网络进行建模和评估。

国内对公路网节点重要度法布局的研究成果丰富，主要集中在节点选择、节点重要度指标权重、节点重要度模型、节点层次划分以及节点重要度路网布局方法及模型等方面。

节点选择。公路网节点主要分为行政类、交通类和经济类等三类。节点的选择强调：根据路网特征选择节点，如路网里程、密度、走向等；根据路网地位或层次、作用及发展战略目标等选择节点，如区分国家干线公路网、省域干线公路网、市域公路网、农村公路网等差异，选择具有同等地位的节点；根据政治、经济或国防需要等选择节点，如保障经济发展的工农业生产基地，保障作战需要或形成后勤保障作用的重要城镇、军事设施等。

节点重要度指标权重是计算节点重要度的关键。常用的权重确定法有德尔菲法、层次分析法等，但定性成分较大。因此，一些学者采用定量分析法来确定权重。缪江华（2005）、罗志忠（2005）等应用主成分分析法，宋新生等（2011）通过因子分析法，冯焕焕等（2012）基于粗糙集理论的知识属性约简并结合合理变权的方法，王元等（2015）采用将灰色关联度法和熵权法相结合的方法，来定量计算节点重要度指标权重，具有一定的客观性。

节点重要度模型是研究的重要内容。学者们主要是在传统公路网节点重要度模型基础上增加新指标，或者改进一个或多个变量，使模型更加符合特定规划区域下的公路网布局。传统公路网节点重要度模型通常选用人口、工农业总产值、商品零售、GDP 等指标。在此基础上，朱德滨等（2012）根据林区公路网各节点周围交通吸引点的个数及其规模构建了节点重要度模型。宋新生等（2011）针对城市群公路网，增加了城市流强度指标。马辉等（2013）从公路交通资源分配公平性和公路网布局结构均衡性角度，新增公路网公平性指标。马辉和汪利利（2016）等针对非均质地形条件下的区域干线公路网，运用泰尔指数和数据包络分析法，引入不均衡系数，修正节点重要度模型。马书红等（2016）以空间相互作用模型为基础，结合经济形式，通过分析交通对城镇发展的影响，构建了节点优势度模型。此外，对于必须连通但受统计来源限制而难以获取数据计算重要度的节点，王元庆等（2005）提出通过与其他节点类比的方法，来确定节点重要度。

节点层次划分也是一个研究方向。通常采用重要度法、动态聚类法、模糊聚类法等划分节点层次。一些学者也从各自研究视角，提出了新的节点层次划分方法。张华等（2009）利用节点重要度法指标因素，建立基于偏好效用分解的节点分类方法。王海威等（2009）提出基于灰色聚类，通过灰色关联度计算出指标的客观权重。孟国连（2010）、刘佳（2013）等根据重要度大小，根据一定比例的节点获取率来设定阈值，划分重要节点和一般节点。杨京帅（2015）提出亲和力传播聚类法划分节点层次。

节点重要度路网布局方法及模型是研究的核心内容。在计算节点重要度、划分节点层次基础上，张志清等（2018）结合既有公路网，根据专家经验法，对城市近郊公路网进行布局；汪利利等（2016）通过计算节点间吸引强度，进而确定节点间交通供给强度，据此实现公路网布局；马书红等（2016）将路段重要度与叠层路网最优树、空间连通圆理论结合，并结合专家经验法，得出路网最优布局方案；王明文等（2012）通过求解路网重要度最大树，叠加路网抗毁性的关键路段，综合分析得出区域公路网生命线网络；李娟等（2007）基于路段重要度和向量角，使用边删除法进行节点赋权网络布局优化。王元庆等（2002）对农村公路网、康文庆等（2006）对市域公路网、安小平等（2007）对省域公路网、胡列格等（2008）对城市群公路网的布局等，通过计算路网重要度最大树，叠加应用交通区位法构建的经济路、通道路和出口路等重要交通区位线，得出公路网布局方案。

此外，一些学者通过构建和求解路网重要度模型来实现布局。朱诺等（2010）引入交通运输量指标，改进节点重要度模型，建立了路网重要度最大的组合优化模型，采用遗传算法求解。马辉等（2013）引入公平性指标，改进路网重要度最大模型，并通过 MATLAB 软件求解。余国才等（1998）构建了路网重要度最大模型，采用 0-1 规划求解。段智等（2007）提出基于 Prim 算法的路网重要度最大树求解算法。

综上所述，节点重要度法在国外研究较少，在国内，由于该方法侧重宏观的关联分析，具有简单易懂、经济节约、可操作性强、适合我国国情等特点，在理论研究和实践应用两方面，都取得了较为丰富的研究成果。主要集中在节点选择，节点重要度指标权重、指标和模型构建，节点层次划分，以及网络布局设计等方面。

2.2　泛风景道路网相关研究

2.2.1　泛风景道路网相关概念

目前，学界对泛风景道路网概念体系研究较少，仅在概念、构成、功能和分类等方面有少量零星成果。

学者们在研究泛风景道路网相关问题时，对基本概念的使用尚未形成一致。经常使用旅游公路网（tourism road network）、绿道网（greenway network）、遗产廊道网（heritage road network）、国家公园路网（national parkroad network）等概念。田雨佳（2012）把旅游公路网定义为"由规划区域内的旅游资源以及连接旅游资源的所有公路，按一定规律组合而成的具有特定旅游价值的有机集合"[①]。Jongman等（2004）认为"绿道网是为了生态、休闲、文化、美学等多种用途而规划、设计和管理的线性要素组成的土地网络"[②]。新加坡在发展绿道网时曾指出，"绿道网主要连接公园与开敞空间，共同构成综合的网络体系，是对公园连接道概念的丰富和延伸"[③]。袁艳华等（2014）把遗产廊道网定义为"以文化遗产保护、自然景观、遗产休闲和非机动车道为主的，具有特殊价值的网络"[④]。Davis等（2006）认为"国家公园路网是由位于国家公园园区内、供游客驾车使用的道路，国家公园之间的连接道路，以及国家公园体系中认定的供游客驾车使用的国家景观大道构成"[⑤]。总的来看，这些反映了研究者们对一些基本概念的使用还存在一些分歧。本章统一使用泛风景道路网来统称上述概念术语。

学者们从不同角度对泛风景道路网构成研究进行了探讨，尚未形成一致意见。涂万堂（2012）等认为"旅游公路网主要由旅游公路、旅游客源地和旅游景区景点构成"[⑥]。Turner（1995）、FÁBOS（2006）认为"综合绿道网包含生态、游憩、文化遗产等方面内容，因此，美国绿道网是由公园道、廊道、铺装道、商业道、生态道、自行车道、乡村道和空中道等构成的绿道网络系统，连接了州、特区、城市、城镇、农村及重要景观节点"[⑦⑧]。而我国绿道网则主要由城市公共空间、城乡居民点、自然和人文景点以及自行车道和人行道构成。此外，王思思等（2010）认为"遗产廊道网是绿道和遗产区域相结合的产物，遗产区域包括历史文化资源和线性遗产"[⑨]。遗产廊道整体保护格局的构成要素包括绿色廊道、游步道、遗产和解说系统等。

① 田雨佳. 基于旅游资源学视角的旅游公路网布局理论与方法研究[D]. 西安：长安大学，2012：33.

② AHERN J. Ecological Networks and Greenways: Greenways in the USA: theory，trends and prospects[J]. 2004：20.

③ Chia LT，Lee BS，Yeo CK. Information technology and the Internet: the Singapore experience[J]. Information Technology for Development，1998，8（2）：102.

④ 袁艳华，徐建刚，张翔. 基于适宜性分析的城市遗产廊道网络构建研究——以古都洛阳为例[J]. 遥感信息，2014，29（03）：118.

⑤ DAVIS T. Documenting America's National Park Roads and Parkways[M].Baltimore：The Johns Hopkins University Press，2006：149.

⑥ 涂万堂，张曙光. 旅游公路网布局规划研究[J]. 中外公路，2012，32（03）：10.

⑦ TURNER T. Greenways，blueways，skyways and other ways to a better London[J]. Landscape & Urban Planning，1995，33（1-3）：269.

⑧ FÁBOS J G，RYAN R L. An introduction to greenway planning around the world[J]. Landscape & Urban Planning，2006，76（1-4）：1.

⑨ 王思思，李婷，董音. 北京市文化遗产空间结构分析及遗产廊道网络构建[J]. 干旱区资源与环境，2010，24（06）：52.

学者们对泛风景道路网功能的概括也未形成较为一致的看法。Demir（2007）强调"森林公路网对于有效的森林管理、维护、娱乐活动等至关重要"[①]。Tarimo等（2017）认为"国家公园路网对于促进野生动物管理、日常运营和旅游景点的可达性，改善游客旅游满意度有重要作用"[②]。Puth（2005）、Yang（2016）等认为"绿道网早期以交通、游憩功能为主，中期更多关注生态、景观功能，直至最终兼顾教育、历史资源保护等综合功能"[③④]。在此基础上，一些学者指出绿道网在中国的发展基于城乡一体化的规划体系背景，还突出具有推动城乡统筹发展的作用。

另外，对泛风景道路网类型的划分更因划分标准不同而不同。涂万堂（2012）按运输功能将旅游公路网划分为四类，形成四个层次，分别是旅游骨架路、旅游衔接路、旅游支线路和旅游储备路。海南省依据资源特色将海南岛旅游公路网划分为环岛滨海旅游公路、山地雨林旅游公路、滨河沿江旅游公路及其他旅游公路。新英格兰绿道网根据目标功能的不同，形成休闲娱乐型绿道、生态型绿道及历史型绿道。广东省绿道网按照跨度，分为区域绿道、城市绿道和社区绿道；按照资源环境属性，分为生态型绿道、郊野型绿道和都市型绿道。王思思等（2010）依据价值和保护级别，对北京市遗产廊道网络划定了两类遗产廊道，即主要遗产廊道和次要遗产廊道。

综上所述，可见学者们对泛风景道路网的基本概念等还未达成一致，更未形成系统的概念体系。因此，有必要建立相对一致的术语体系，准确把握泛风景道路网概念内涵，以推进泛风景道路网研究。

2.2.2 泛风景道路网布局

对标公路网布局相关研究，本小节对泛风景道路网布局内容和布局方法两个方面进行综述。

1. 泛风景道路网布局内容

目前，学界对泛风景道路网布局内容研究较少，主要集中在布局目标和布局原则等方面。

一些学者结合研究区泛风景道路网的建设实践，提出布局目标。其中，刘保峰等（2013）对海南国际旅游岛旅游公路网规划目的的研究、叶伟华等（2012）对深圳市绿道网规划目的的思考、马向明等（2013）对省域尺度绿道网布局目标的研究等，具有一定典

---

① DEMIR M. Impacts, management and functional planning criterion of forest road network system in Turkey[J]. Transportation Research Part A Policy & Practice, 2007, 41（1）: 56.

② TARIMO M, WONDIMU P, ODECK J, et al. Sustainable roads in Serengeti National Park: gravel roads construction and maintenance[J]. Procedia Computer Science, 2017, 121: 329.

③ PUTH L M, ALLEN T F H. Potential Corridors for the Rusty Crayfish, Orconectes Rusticus, in Northern Wisconsin (USA) Lakes: Lessons for Exotic Invasions[J]. Landscape Ecology, 2005, 20(5): 567.

④ YANG BO L S. Design with Nature: Ian McHarg's ecological wisdom as actionable and practical knowledge[J]. Landscape & Urban Planning, 2016: 21.

型性。综合他们的研究结果,泛风景道路网布局目标主要包括:提升交通基础设施整体服务水平;实现旅游交通发展;形成结构合理完善的网络;实现生态、人居、经济等和谐统一发展。

少量学者也进行了泛风景道路网布局原则研究。Demir(1995)对土耳其国家公园森林道路网、Tan(2006)等对新加坡绿道网络、蔡瀛等(2011)对城乡绿道网布局原则进行了总结,综合来看,泛风景道路网布局原则主要强调生态性原则、连通性原则、以人为本原则、协调性原则。

2. 泛风景道路网布局方法

目前,国内外学者们主要从各自研究视角出发,根据研究目标特征,提出更具针对性和适应性的布局方法。

Demir(1995)基于土耳其国家公园和城乡景观保护林中的森林道路间距和路网密度,提出了森林道路网系统的影响、管理和功能规划准则,以此改进森林道路网络布局方法,提高可达性,实现可持续的环境利益。Lu等(2015)构建了以道路景观价值最大为优化目标,以总的旅行成本(距离或时间)为约束条件的路网布局优化模型,利用空间数据库相关技术(椭圆修剪和空间索引)将道路网视为一个空间网络进行计算。Luo等(2014)应用RS(遥杆)、GIS和GPS技术,对历史记录和人口普查数据进行统计,对卫星遥感图像进行图像处理和解析,对GIS数据进行分析,结合实地调查,重建古代敦煌道路系统。Mcharg等(1969)从生态环境保护视角,提出了"千层饼叠图法的绿道网络规划方法"。Linehan等(1995)从野生动物保护视角,提出"通过土地覆盖评估、野生动物评估、生态环境评估和适宜性分析、节点分析、连接度分析、网络分析以及对其比较选择等,得到最终的绿道网络"[①]。Conine等(2004)从人的需求出发,通过目标分析、场所评估、适应性分析等,构建社区绿道网络。Nancy等(2006)以美国华盛顿州(100英里×40英里,1英里≈1.6千米)的山间绿道为例,构建了由州际公路构成的,基于景观且包括邻里工作、居住、娱乐等功能为一体的一种新兴绿道网模式。

我国学者田雨佳等(2012),初步探讨了节点重要度法在旅游公路网的布局应用。涂万堂(2012)提出基于旅行线路的旅游公路网布局,强调通过分析区域旅游类型及旅游行为空间模式来设计旅游线路,考虑自然地理、景区景点、旅游交通需求等影响因素,构建旅游公路网,该方法主要适用于旅游统计数据缺失地区。刘保峰等(2013)通过评价旅游资源价值,从完善重要旅游资源可达性的角度,提出以连接旅游资源为主要功能的旅游公路网布局方案。王思思等(2010)对北京市遗产廊道网络的构建、袁艳华等(2014)对洛阳市城市遗产廊道网络的构建等,采用GIS空间分析技术和最小累积阻力模型,通过分析遗产的空间结构和遗产廊道适宜性,提出遗产廊道网络的概念规划。陈永生等(2017),

---

① FINN J. Greenway Planning: Developing a Landscape Ecological Network Approach[J]. Landscape & Urban Planning, 1995,33(1):179-193.

采用层次分析法和综合评判法，综合考虑土地适宜性，网络密度、连续性和通行难易程度以及建设条件等，探究了区域绿道网规划方法。广东省绿道网布局研究以景观生态学理论为指导，将自然生态、人文要素、交通和城镇布局等因素进行叠加分析，结合相关规划及实际情况，综合形成绿道网络布局方案。

综上所述，泛风景道路网布局研究尚未形成体系。关于泛风景道路网布局相关内容的研究主要集中在布局目标和布局原则；布局方法研究方面，学者们主要从各自研究视角，提出不同的布局方法或模型，以定性分析、应用GIS技术、基于景观生态学理论的布局方法为主，定量模型研究较少。

2.2.3 泛风景道路网节点重要度法布局

由于本书文献综述是以核心期刊论文、博士论文以及少量高质量的硕士论文和专著为主，发现应用节点重要度法研究泛风景道路网布局的文献较少，仅一篇博士论文初步探讨了节点重要度法在旅游公路网布局中的应用。首先，节点选择方面，指出将旅游资源作为旅游公路网布局主要连接的节点；其次，节点重要度计算方面，通过旅游资源与旅游公路网的耦合分析，选取耦合关联度指数大于0.65的指标作为旅游资源评价指标，将遗传算法与BP神经网络相结合来评价旅游资源，确定旅游资源节点重要度大小；再次，节点层次划分方面，利用动态分类法将旅游资源划分为三个层次；最后，路网布局方面，建立了连接各旅游资源的路段和路线重要度模型，在此基础上，综合考虑旅游公路的功能分类和旅游资源层次划分，分层次提出旅游公路网的布局方法和布局模式。其中，第一层次为城市枢纽—景区公路布局，第二层次为景区—景区公路布局，第三层次为景区内部公路布局。在得到旅游公路网初步布局方案基础上，从最小出行时间、生态环境影响评价及公路旅游价值评价三个方面，逐步进行优化调整。

综上所述，节点重要度法应用到泛风景道路网布局的研究较少。已有研究主要将旅游资源作为节点，计算旅游资源节点重要度，缺少对旅游城市、旅游城镇、旅游服务设施等节点的连接以及这些节点重要度的统筹考虑。这说明，已有研究视角和成果较为单一，研究存在不足，对泛风景道路网节点重要度法布局的研究尚在起步发展阶段。

2.3 研究述评

通过对公路网和泛风景道路网相关概念、布局方法以及节点重要度法布局的国内外研究进展进行综述，本节从比较视角分析，发现泛风景道路网现有研究存在的一些问题和值得研究探索的方向，为本书研究奠定基础。

1. 概念研究

目前，公路网已形成较为完善的概念体系，对公路网概念、构成、特征、功能、分类等以及公路网节点（运输点）和公路路线的分类、功能等研究，成果丰富，基本形成体系。

对泛风景道路网概念体系的研究，尚停留在概念、构成、功能及分类等方面，相较于公路网概念体系，存在研究内容缺失、研究成果零星、研究结论尚未成体系等不足。主要体现在以下几个方面。

一是概念研究。一些基本概念还未达成较一致的界定，经常使用旅游公路网、绿道网、遗产廊道网等。为了规范和便于学术研究，需要建立相对一致的术语系统。

二是构成研究。构成要素的研究缺乏系统性，已有研究主要将自然、人文旅游资源作为泛风景道路网节点。对一般公路网节点中具有旅游功能的城市、枢纽等其他节点考虑不足；对线性要素研究较少，缺少从旅游交通功能、与节点关系等角度进行的研究。

三是特征及功能研究。现有研究缺少对泛风景道路网特征的总结；对泛风景道路网功能的研究主要是对某一类研究对象，如国家公园路网、森林公路网、绿道网等功能的研究，视角较单一，缺少理论层面的统一和总结。

四是分类研究。缺乏对泛风景道路网节点分类的研究。对泛风景道路网类型的划分，更因划分标准不同而不同。

综上可知，对标公路网概念体系，有必要对泛风景通路网深入研究，完善和构建统一的泛风景道路网概念体系。

2. 布局研究

公路网布局方法研究是公路网研究的一个重点。对于公路网布局相关概念的研究，主要包括布局概念与内容、布局目标、影响因素及原则、布局模式等；布局方法的研究逐步形成了以经验调查法、四阶段法、节点重要度法、交通区位法、动态规划法、网络设计问题等为主的公路网布局方法，通常几种方法综合运用。同时，网络设计问题、以不同目标为指向构建的新的路网布局方法和模型也成为研究热点，得到不断发展和完善。

泛风景道路网布局方法研究相较于公路网布局方法研究，在布局相关概念和布局方法两方面，尚未形成完善的体系，还存在一些不足和值得进一步研究深化的地方，主要体现在以下几个方面。

一是布局相关概念。泛风景道路网布局相关概念研究较少，仅有少量学者主要对绿道网的布局目标、原则进行了探讨。对泛风景道路网这一整体研究对象的布局目标和原则研究较少，对布局概念及内容、影响因素、布局形态等研究几乎为空白。因此，有待进一步补充和完善泛风景道路网布局相关概念的研究。

二是布局方法研究。泛风景道路网布局方法的研究主要是一些学者从各自研究视角，提出利用旅游线路、基于景观生态学分析，或叠加土地、资源等多要素的定性分析方法来进行布局，而定量模型研究较少。应用公路网布局理论方法来探讨泛风景道路网布局的研究较少，尚在起步阶段。因此，将较为成熟的公路网布局方法应用于泛风景道路网布局，应如何选择，如何有针对性的适应和改进，是一个值得深入的研究方向。

综上可知，对标公路网布局方法研究，泛风景道路网在布局相关概念和布局方法等方面的研究还存在一些不足，研究有待深入和完善。

3. 节点重要度法布局研究

目前，公路网节点重要度法布局研究在理论和实践两方面都取得较为丰富的研究成果。公路网节点重要度法布局形成了较完善的节点体系、节点选取原则等；节点重要度指标、指标权重以及模型构建等研究较丰富；节点层次划分方法研究较为成熟；基于图论最小树的布局方法、布局模型等研究也是节点重要度法布局研究较为成熟的重要内容之一。

泛风景道路网节点重要度法布局的研究较为零星，与公路网节点重要度法布局研究相比，主要存在以下差异及不足。

一是节点体系。尚未构建完整的节点体系，以旅游资源节点为主，而对旅游城市、旅游枢纽、旅游服务设施等节点考虑较少，对节点类型、功能、选取原则等的研究较少。

二是节点重要度。泛风景道路网相较于一般公路网，节点类型更丰富，因而泛风景道路网节点重要度含义、指标、权重、模型等势必具有差异性，而相关研究较少，尚不完善。

三是节点层次划分。已有研究主要对旅游资源按照价值大小进行层次划分，缺乏对其他类型节点分层的研究。

四是布局方法及模型。已有研究主要将旅游资源作为节点，分层进行连接。而泛风景道路网在节点类型、节点重要度、节点层次等方面与一般公路网具有差异性。因而有待改进传统的公路网节点重要度法布局思路和模型等，进一步完善研究，构建适宜泛风景道路网的节点重要度模型和布局方法。

综上可知，泛风景道路网节点重要度法布局研究尚处于起步阶段，缺乏对泛风景道路网从概念体系到布局方法的整体研究和统一研究。这是本书进行风景道路网节点重要度法布局研究的价值和意义所在。

第3章 理论基础

本研究主要依托风景道相关理论、"点—轴"理论、公路网布局方法理论、旅游学相关理论以及图论相关理论。

3.1 风景道相关理论

风景道定义有广义和狭义之分。"广义的是指兼具交通运输和景观观赏双重功能的通道；狭义的指路旁或视域之内拥有审美风景的、自然的、文化的、历史的、考古学上的和（或）值得保存、修复、保护和增进的具有游憩价值的景观道路"[①]。

对于风景道功能，众多学者从不同角度进行了探讨。Gunn 从旅游产品供给角度，Little、Lindsey、Turner 从游憩、美学角度，Kent、Elliott 从生态、游憩和文化景观的连接和保护角度，Eby、Monlnar 从社会学角度进行了研究。综合来看，风景道具有生态、景观、游憩、自然、历史和文化等方面的功能。

风景道空间结构方面，"从空间范围来说，不仅仅指道路本身，还包括了这条道路所经过的廊道区域；从构成要素来说，风景道空间构成要素要比一般的道路空间构成要素包含更多的内容，包含了道路本体（人行道或行车道）、路侧、视域带和辐射带四部分"[②]。如图3-1所示。

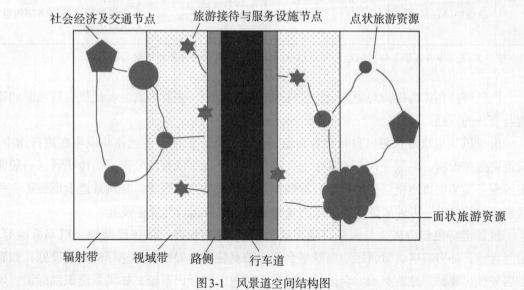

图3-1　风景道空间结构图

---

① 余青，吴必虎，刘志敏，等.风景道研究与规划实践综述[J].地理研究，2007（06）：1274.

② 邱海莲，余青.作为线型旅游目的地的风景道空间结构——以哥伦比亚河历史公路为例[C]//中国城市规划学会、南京市政府.转型与重构——2011中国城市规划年会论文集.东南大学出版社，2011：3425.

风景道是一类以道路为载体的线型游憩空间和旅游目的地，与点、面状旅游目的地在吸引物分布、旅游区域、路径等要素方面存在较大的差异，其空间结构各部分有着不同的要素、功能和特征。见表3-1所列。

表3-1　风景道空间结构要素、功能及特征

名称	车行道	路侧	视域带	辐射廊道
含义	风景道道路主体	路权以外,具有重要历史、文化、景观、游憩等价值的场所或建筑物	风景道路侧视域范围	风景道路侧及视域带以外,所辐射的廊道区域
要素	线型、车行道、路面、下层土、路拱、路边石、边沟、路肩、构筑物等	净区、洼地、护栏、人行道、照明、标识、游径、林带、行道树、市政设施、服务区域、边道、观景台、服务游憩设施	路旁建筑、景观、地域特征、街景、文化景观、视域(前景、中景和背景)	自然和人文资源;旅游景区景点;游憩服务设施;城镇、交通枢纽、经济产业园区等
功能	交通和安全功能为主	交通安全、环境保护、视觉美化、游憩服务、辅助功能等	景观与审美功能、游憩服务功能	景观与审美功能、游憩服务功能
特征	①选线等符合交通安全的要求,体现景观审美;②自驾车、自行车等为主的风景道产品集中体现区域	①兼具安全、景观、审美、游憩等多种功能的复合区域;②对功能和形式有较高要求	①风景道品质的重要体现区域;②自然、人文等景观主要展示区域;③部分游憩服务设施的分布区域	①风景道品质体现区域;②自然、人文等景观主要展示区域;③旅游景区景点、游憩活动、服务设施等主要分布区域;④风景道旅游经济带的重要组成部分

资料来源:《作为线型旅游目的地的风景道空间结构——以哥伦比亚河历史公路为例》

风景道特色旅游接待与服务设施是在风景道旅游中，主要为旅游者提供自驾旅游的接待与服务的设施。

由于风景道旅游客源以自驾游客为主，流动性强，大部分游憩体验发生在旅行途中，对道路服务设施，如服务区、游客中心、路侧观景平台等依赖性较强。而传统景区一般性旅游服务设施主要围绕旅游"食住行游购娱"六要素展开。因此，在风景道上形成了一些区别于传统景区一般性旅游服务设施的风景道特色旅游接待与服务设施。

风景道特色旅游接待与服务设施主要包括："住宿设施，如帐篷营地、汽车营地等；游憩设施，如野餐区、野营区、观景平台等；兼具住宿、餐饮、游憩等功能的设施，如旅游服务区、驿站、旅游交通综合体等；风景道特色引导标识系统，如风景道识别标识、风景道门户标识、风景道吸引物标识等"[1]。

---

① 邱海莲.风景道路侧游憩服务设施规划设计[D].北京：北京交通大学，2012：45.

综上所述，风景道是风景道路网的基础与核心。风景道路网是在单一风景道基础上，通过不同等级、不同功能的道路，将风景廊道周边的诸多要素连接起来形成的路网结构。因此，明确风景道概念内涵、功能作用等，为风景道路网概念体系的研究提供基础。风景道空间结构是构建风景道路网空间构成要素的基石。风景道特殊旅游接待与服务设施是为游客提供风景道自驾旅游活动的重要载体，其要素构成、功能、特征等，对于认识、理解和确定风景道路网构成要素具有重要借鉴意义。

3.2 "点—轴"理论

我国学者陆大道于1984年在中心地理论、空间扩散理论和增长极理论基础上，较为全面系统地提出了"点—轴"理论并阐释了"点—轴"渐进式扩散的理论模式。

"点—轴"理论中的"点"是指各级居民点和中心城市；"轴"是指由交通、通信干线和能源通道连接起来的基础设施。"轴"对附近区域有很强的经济吸引力和凝聚力[①]。"点"是各级区域经济和资源的聚集点，也是带动各级区域中心发展的中心地；轴线上集中的社会经济设施通过产品、信息、技术、金融等物质流或信息流，对附近区域有扩散作用。这种空间扩散是"点—轴"渐进式扩散的。

"点—轴"渐进式扩散理论是指"由于社会空间结构不均衡，只要存在梯度和压力差，就会形成空间扩散，扩散的物质要素和非物质要素作用于附近区域，与区域生产要素相结合，形成新的生产力，推动社会经济发展，最终导致区域空间结构均衡化"[②]。

"点—轴"理论反映了社会经济发展的客观规律，是指导区域开发的基础理论，被广泛应用于我国国土开发和区域发展。因而"点—轴"理论对于区域旅游发展以及对风景道旅游发展也具有重要理论价值和现实指导意义。

"'点—轴'理论应用于旅游发展，'点'就是旅游中心城市或重点旅游地等；'轴'就是连接旅游中心城市或重点旅游地之间的旅游通道。在旅游发展过程中，带动处于旅游交通沿线的次一级旅游城镇、旅游地等逐渐发展起来，实现整体区域旅游发展"[③]。

"点—轴"理论应用于风景道发展，"点"就是旅游资源、旅游中心城市或重点旅游地、大型游憩服务设施等；"轴"就是连接旅游资源、旅游中心城市或重点旅游地、大型游憩服务设施等之间的旅游通道。串联重要旅游资源的轴线为风景道。随着旅游发展，风景道、廊道范围内，不同品质的旅游资源、不同旅游功能的旅游城市、旅游目的地、旅游接待与服务设施等，逐渐形成旅游吸引力、旅游需求等的梯度和压力差，带来旅游流的空间扩散，即旅游流从风景道、廊道周边次一级旅游资源、旅游城镇、旅游地、游憩服务设

[①] 陆大道. 关于"点—轴"空间结构系统的形成机理分析[J]. 地理科学, 2002 (01): 2.

[②] 陆大道. 空间结构理论与区域发展[J]. 科学, 1989 (02): 109.

[③] 魏敏. 我国滨海旅游度假区的开发及保护研究[J]. 中国社会科学院研究生院学报, 2010 (03): 78.

施等扩散，在这一过程中，以点带线，以线带面促进风景道向风景道路网发展。因此，"点—轴"理论对于把握风景道路网空间本底和理解空间形成具有重要意义。

3.3 公路网布局方法理论

公路网布局方法理论主要有四阶段法、节点重要度法和交通区位法。

3.3.1 四阶段法

四阶段法是"以技术评价为核心，以微观经济学理论为基础，通过现状交通起止点调查（又称为'OD交通量调查'、交通数据采集和历史资料分析，研究区域经济在时间和空间上的发展对交通需求的影响，进而建立需求预测模型，把公路网布局规划同经济发展有机联系起来的一种方法"[①]。

四阶段法布局：首先，建立初始路网。确定研究区交通分区，收集相关数据资料，主要包括OD交通量调查、经济社会发展资料、路网几何特征、国土规划等。根据规划目标、现状路网、小区分布等，结合专家经验，提出初始路网。其次，预测交通需求，采用"四阶段"交通量预测方法，即交通需求生成预测、OD交通量分布预测、交通方式划分预测以及路网交通流量分配预测，将每一种运输方式承担的出行量具体分配到初始路网的某一特定路段上。最后，优化调整初始路网，依据路段交通量预测及分配结果，分析初始路网的不足，结合效益、资金等约束条件进行优化调整。重复以上步骤，直至选出总效益最大的路网。

四阶段法布局的特征主要有以下几点。

一是四阶段法的有效性多依赖OD交通量资料。分析过程偏重于以改善交通运行状况以及评价道路修建与否时的交通转移量等为目的的网络和线路优化。

二是通过评价和比较，确定路网布局方案。分析未来交通需求条件下，各规划路网方案的运行状态，如流量、车速、饱和度等。

三是主要适用于城市道路网、干线公路网，如国道、省道路网；交通运输需求较强，交通流量较大地区的公路网布局规划。

四阶段法布局的优势在于：

一是从技术角度，四阶段法及其理论体系是目前最为成熟的路段交通量预测分析技术；

二是四阶段法一种定量研究方法，较为具体地反映了土地利用与交通状态关系，客观性较强。

四阶段法布局的局限性主要在于以下几点。

一是数据获取难度大。四阶段法需要进行OD交通量调查，调查项目多、时间长，耗费大量人力、物力、财力等，交通状况处于变化中，数据获取难度较大。

---

① 鲁晓丽. 公路网规划方法与实证研究[D]. 辽宁：大连海事大学，2008：68.

二是路网布局缺乏系统性。四阶段法基于现状的交通需求预测并不是规划目标，而是辅助决策或分析的手段。通过专家集思共议，结合有限调查来确定路网方案，随意性较大，缺乏系统性。

三是确定理论最优方案难度较大。四阶段法应用到公路网布局，由于区域用地难以控制、运输集散点多，可选方案也较多，确定理论最优方案运算量大，难以保证最优。

四是不适宜中长期规划。中长期的土地利用模式、交通设施建设等处于发展变化中，人的出行心理也较难以把握。以此为基础建立的四阶段法，对中长期预测结果有较明显的偏差，因而不适宜中长期规划。

3.3.2 节点重要度法

节点重要度法是"将路网布局分解成路网节点的选择和路网线路的选择两部分，通过分析规划区域内节点，综合考虑交通、经济等要素，建立节点重要度模型和节点间连线重要度模型，作为网络布局的依据，完成由点到线，由线到面的布局过程"[①]的一种方法。

节点重要度法布局：首先，选择节点，根据路网功能和目标定位，选择合适范围、规模的节点。不同地区、规模、层次的路网规划，对节点的选择可以有不同标准。其次，计算节点重要度。运用与交通密切相关的多个指标，来综合评价节点的重要程度，通常选取社会经济类指标，如人口、产值、社会物资总量等。再次，划分节点层次。依据节点重要度大小对节点进行排序，并划分为不同层次，以确定不同层次路线的主要控制点，通常采用重要度法、动态聚类法、模糊聚类法、设定阈值等方法。最后，连线成路网。分析路段重要度和路线重要度，分层拟定节点间的连接路线，并根据规划目标、现实情况等进行调整，以确定最终路网布局方案。节点间连线的选择可采用排序法、最优树法、逐层展开法等。

节点重要度法布局的特征，主要有以下几点。

一是布局工作思路体现了"点—线—网"特征，符合经济发展规律。引入节点，认为交通运输发生在节点上，并按节点重要度划分层次，分层布设路线，这符合区域经济学中以点带面，逐层辐射的经济发展规律，是区域经济学中增长极模式与梯度发展模式在交通规划中的体现。

二是主要适用于规划范围较小的县域公路网、城市化程度较低的地区或经济相对发达且乡镇布局较密集地区的公路网、交通流量数据难以获取的地区公路网的布局。

三是布局侧重于节点的选择和连接，节点间连线的确定以及实现路网的连通和通达。这与中远期路网的规划重点，即通过合理布局来实现运输集散点可达性的目标是一致的。

节点重要度法布局的优势主要在于以下四点。

一是定量与定性相结合的方法。依托图论、系统聚类法、最优化等相关理论，以重要

---

① 姜镇. 综合运输体系下城市公路网络布局方法研究[J]. 交通标准化，2014，42（13）：11.

度计算结果为依据，通过路段重要度，使路线的布设得到支持和说明，客观性较强。同时又适当参考专家经验对路网进行调整和完善，能够弥补定量预测难以达到要求的精度的不足。

二是摆正了区域土地利用形态、路网形态、交通状态三者间的关系，使路网布局不再受到交通状态的控制和支配，体现了路网整体的服务要求而不仅仅是交通需求，路网布局目的性较强。

三是可操作性强。能达到规范化和系统化要求，是目前应用较多且取得较好实际应用效果的一种路网布局方法。

节点重要度法布局的局限主要在于以下两点。

一是不能体现动态发展变化。节点重要度是一个动态概念，会随着土地利用形态变化而变化。实际应用中，主要以现状为基础来计算节点重要度，是静态的。对于近期规划，基本能够反映土地利用分布形态，但对远期规划，应用现状情况进行布局，忽略了区域发展的不均衡性，与实际情况存在些许出入。

二是分析计算具有不确定性。节点重要度指标权重通常是人为主观确定的，不同人考虑因素不同，导致选取不同指标权重计算节点重要度的结果不同。

3.3.3 交通区位法

交通区位法是"以交通区位论为基础，分析交通运输源，找出交通产生高发地带，并以此为交通区位线作为路线布局走向的依据来布局交通干线"[①]的一种方法。

交通区位法布局：首先，分析交通区位线。综合考虑政治、经济、军事等角度进行分析，找出规划区交通高发地带，包括对内和对外交通区位线，以合理形态构建连接节点的交通区位线网络。其次，研究交通运输线，构建基础路网。根据交通区位线网络，结合节点分布、地理约束条件等因素，确定交通运输线走向，并结合产业社会背景及交通吸引特征，研究交通运输线的运输方式配置，确定公路路线。最后，形成路网。根据规划目标，对基础路网增补连线，形成路网布局方案。

交通区位法布局的特征主要有以下三点。

一是宏观布局，主要适合于区域的远期交通规划，以及范围较大的公路网规划，如全国公路网。

二是交通区位法所布局的路线具有运输上的必要性，同时，经济上运费最低。

三是交通区位线是一条大概率发生交通的原理线，并不一定是现实中的实体交通干线，但随着经济的发展，交通区位线终将发展演变为公路或铁路等交通实体线。

交通区位法布局的优势有以下两点。

一是具有较强的宏观性，能在一定程度上较好地反映区域社会经济、交通等发展的必然需求并较好地解决长远规划布局对运输集散点可达性的要求。

---

① 管楚度. 交通区位论及其应用[M]. 北京：人民交通出版社，2000：35.

二是从交通源头出发，强调交通对经济发展的引导作用，能够分析和确定规划区域主要交通区位线，是未来重要的区域交通通道。

交通区位法布局的局限在于：它是一种定性分析研究方法，量化程度低，容易受到规划人员的主观影响，潜在因素对路网布局有不确定性。此外，难以应用于较小尺度的公路网布局规划。

综上所述，风景道路网是公路网的一种特殊类型，风景道路网布局应以公路网布局方法理论为基础和指导。公路网布局方法理论主要包括四阶段法、节点重要度法以及交通区位法，具有不同的特征、优势与局限，以及适用性等。公路网布局方法理论从方法与技术视角，为探索风景道路网合理布局提供了具体的方法论体系。总的来看，节点重要度法因其具有定量与定性相结合、理论方法科学，能弥补主观经验不足以及可操作性强等优势，是较为适合指导风景道路网布局的方法理论。

3.4 旅游学相关理论

3.4.1 旅游资源分类与评价

1. 相关概念

根据《旅游规划通则》（GB/T 18971—2003）中的定义，旅游资源是指"自然界和人类社会凡能对旅游者产生吸引力，可以为旅游业开发利用，并可产生经济效益、社会效益和环境效益的各种事物和因素"。

旅游景区与旅游景点概念密不可分，实践中二者往往被视为同一概念而混用。国外通常使用visitor attraction、tourist attraction等表示旅游景点或景区。国内《旅游区（点）质量等级的划分与评定》（GB/T 17775—2003）将旅游景区定义为"具有参观游览、休闲度假、康乐健身等功能，具备相应旅游服务设施并提供相应旅游服务的独立管理区"[①]。该管理区应有统一的经营管理机构和明确的地域范围。包括风景区、文博院馆、寺庙观堂、旅游度假区、自然保护区、主题公园、森林公园、地质公园、游乐园、动物园、植物园及工业、农业、经贸、科教、军事、体育、文化艺术等各类旅游区（点）。这里的旅游景区（点）的英文译名采用tourist attraction，与大多数英美学者认同的旅游景区概念较为一致。

旅游资源是构成旅游景区的素材，是形成旅游景区的基础和核心内容。旅游景区是旅游资源要素和其他要素有机组合后形成的地域空间。旅游资源包括未开发的和已开发的，包括物质的和非物质的，也包括有形的和无形的。旅游景区必须是已被开发利用的、物质的和有形的。旅游资源在旅游景区中占首要地位，旅游资源吸引力是游客出游选择旅游地、旅游景区的首要动因。

2. 旅游资源分类

旅游资源分类是"根据其存在的同质性或异质性，按照一定目的、需要，将其合并归

[①] 牟红，刘聪. 景区经营与管理[M]. 上海：格致出版社，上海人民出版社，2011：11.

类的一个科学区分过程"①。旅游资源分类对象包括稳定的、客观存在的实体旅游资源，也包括不稳定的、不客观存在的事物和现象。分类原则是依据旅游资源性状，即现存状况、形态、特性、特征等进行划分。

目前，世界各国尚未形成统一的旅游资源分类标准和方案。在我国，应用较为广泛的旅游资源分类方法是《旅游资源分类、调查与评价》（GB/T 18972—2017），以及依据旅游资源价值和管理级别的分类方法。

（1）《旅游资源分类、调查与评价》（GB/T 18972—2017）分类。

《旅游资源分类、调查与评价》（GB/T 18972—2017）是"以普查为目的、面向评价与开发的、可操作利用的规范化分类方法"②，是目前应用最为广泛，也是最权威的旅游资源分类方法，规范了实践领域的操作。

《旅游资源分类、调查与评价》（GB/T 18972—2017）确定了主类、亚类和基本类型的分类结构，依据旅游资源的性质，即现存状况、形态、特征等，将旅游资源分为8个主类、23个亚类和110个基本类型。

（2）级别分类。

我国旅游资源由于条块管理，形成了事实上的"部门划分法"，就是基于不同部门的管理将我国公共资源类旅游资源进行分类和分级。

旅游资源按照功能、目标、管理部门和管理方式分类，主要包括：风景名胜区、自然保护区、森林公园、地质公园、湿地公园、水利风景、文物保护单位、历史名城和名镇及名村、休闲度假区、主题公园等。通常按以上分类方式划分的旅游资源，依据资源价值和管理级别，被划分为世界级、国家级、省级和市县级。

世界级旅游资源，主要是指被有关国际机构评选出的相关资源中，能被旅游开发利用的部分，如世界遗产、世界非物质文化遗产、联合国人与生物圈计划、世界地质公园等。

国家级旅游资源是主要由国务院旅游行政管理部门认定的相关资源。如国家风景名胜区、国家自然保护区、国家森林公园、国家地质公园、国家湿地公园、国家水利风景区、国家重点文物保护单位、国家历史文化名城等。

省级旅游资源是主要由省文化和旅游厅认定的相关资源。如省级风景名胜区、省级自然保护区、省级森林公园、省级地质公园、省级湿地公园、省级水利风景区、省级文物保护单位、省级历史文化名城或名镇等。

市县级旅游资源是主要由市县级人民政府认定的相关资源。主要包括省级以下的市县级自然保护区、市县级森林公园、市县级文物保护单位、市县级地质公园等。

---

① 张凌云，刘威. 旅游规划理论与实践[M]. 北京：清华大学出版社，2012：35.

② 王羽. 旅游资源学[M]. 武汉：武汉大学出版社，2013：1.

3. 旅游资源评价

旅游资源评价是指"选择某些评价因子，按照一定的评价标准，运用一定的评价方法，来评判和鉴定旅游资源的价值"[①]。我国旅游资源评价，根据该旅游资源是否被国家相关组织或机构评定为某种称号或某种等级，分两种情况进行：对于未评定等级称号的，需要根据《旅游资源分类、调查与评价》（GB/T 18972—2017），进行评价打分；对于已评定等级称号的，可直接根据现有认定的级别进行赋值。

（1）未评定等级称号的旅游资源评价。

未评定等级称号的旅游资源评价根据《旅游资源分类、调查与评价》（GB/T 18972—2017）进行打分。

《旅游资源分类、调查与评价》（GB/T 18972—2017）是目前我国旅游业发展实践中，对旅游资源进行评价，主要采用的技术性标准。该标准对旅游资源基本类型所共同拥有的因子，依据"旅游资源共有因子综合评价系统"进行打分评价。

评价体系。《旅游资源分类、调查与评价》（GB/T 18972—2017）制定的"旅游资源共有因子综合评价系统"由评价项目和评价因子构成。如图3-2所示。

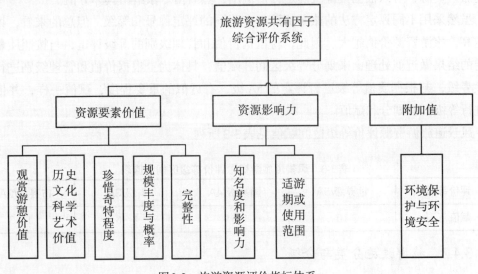

图3-2 旅游资源评价指标体系

评价赋分。评价项目和评价因子用量值表示。评价项目，"资源要素价值"和"资源影响力"总分为100分，附加值分值包括正分和负分。每一项评价因子分为四个档次，根据不同的评价依据，给出不同分值，分值相应也有四档。

计分与等级划分。根据评价，得出单体旅游资源共有因子的评价赋分值，并将评价总分划分为五个等级。见表3-2所列。

[①] 王德刚，王蔚. 旅游资源学教程[M]. 北京：清华大学出版社，2011：55.

表3-2 旅游资源评价等级及分值

旅游资源评价等级	得分值域
五级	90分及以上
四级	75～89分
三级	60～74分
二级	45～59分
一级	30～44分
未获等级	29分及以下

（2）已评定等级称号的旅游资源评价。

已评定等级称号的旅游资源评价根据其评定等级进行赋分。总的来看，我国旅游资源等级评定通常依据价值和管理级别不同，分为世界级、国家级、省级和市县级，或按照质量等级分为五级，分别是1A级、2A级、3A级、4A级和5A级。因此，对已经评定等级称号的旅游资源，可以根据其等级确定分值范围，然后由专家给出具体分值。

虽然采用不同评定方法的旅游资源具有不同的评定称号和等级。但总的来看，评定等级越高，旅游资源价值越大。因此，将依据价值和管理级别的等级评定，与按照质量等级评定的结果做近似处理，来划分等级区间并赋值，具体为：根据价值和管理级别进行评定的世界级，与根据质量等级进行评定的5A级，有近似的重要程度，赋值一样，并依此类推进行等级区间划分和赋值。

风景道旅游资源评价等级区间赋值见表3-3所列。

表3-3 风景道旅游资源评价等级区间赋值表

评价等级	世界级/5A	国家级/4A	省级/3A	市县级/2A/A
赋值范围	10	7～9	4～6	1～3

3.4.2 旅游设施分类与分级

1. 旅游设施分类

目前，学术界普遍认为，旅游设施可以划分为两大块：旅游基础设施以及旅游接待与服务设施。见表3-4所列。

旅游基础设施的分类，基本形成统一，主要可细分为道路与交通设施，以及其他水电热气、通信、卫生、安全等公共基础设施。旅游接待与服务设施的分类尚未形成统一，不同学者提出了不同的分类标准。总的来看，每一种分类都包括了餐饮设施、住宿设施、游憩娱乐设施和购物设施。

表3-4 旅游设施分类

旅游设施分类	类型细分	定义	主要类型
旅游接待与服务设施	餐饮设施	为旅游者提供餐饮服务的设施和设备	各种餐饮店
	住宿设施	为旅游者提供"家"的服务的设施和设备	包括酒店、度假别墅、汽车旅馆、民宿、农舍农庄、营地等
	游憩娱乐设施	各种文艺娱乐、体育娱乐和休闲游憩活动的设施和设备	歌舞厅等、滑雪运动场所、露营地、温泉浴场等
	购物设施	泛指可供旅游者购物的场所及其相关设备	主题购物街、购物城等
旅游基础设施	道路与交通设施	为旅游者提供空间位移的交通运输设备和设施	飞机、火车等不同交通工具;旅游区道路、停车场、交通引导系统等
	其他基础设施	为旅游者提供其他公共服务的设施和设备	通信系统、电水热气供应系统、废水废气废物处理系统、环境卫生系统、安全保卫系统等

2. 旅游设施分级

旅游设施分级方面,目前尚未形成统一的分级标准。旅游行业主要针对以下几类旅游接待与服务设施提出了等级评定标准。

(1)旅游饭店。根据《饭店星级的划分及评定》(GB/T 14308—2002)将旅游饭店按等级标准以星级划分,分为一星级到五星级。星级越高,表示饭店的等级越高。

(2)营地。针对各类汽车(含旅居车)露营营地,由国家体育总局汽车摩托车运动管理中心提出、中国汽车运动联合会汽车露营分会等起草,制定了《汽车露营营地建设条件和要求》国家标准(草案)。标准草案将汽车露营营地按照等级标准以星级划分,分为一星级到五星级。五星级为最高等级。各星级汽车露营营地应满足本星级要求且高星级汽车露营营地应完全满足低星级汽车露营营地的要求。

(3)服务区。目前,对服务区等级评定与划分的研究主要集中在传统公路服务区,而对旅游服务区的研究较少。交通运输部出台了《全国高速公路服务区服务质量等级评定办法(试行)》(交公路发〔2015〕29号),对高速公路服务区进行等级评定划分。试行办法将高速公路服务区按照质量等级评定计分标准,分为全国达标服务区、全国优秀服务区、全国百佳示范服务区。旅游服务区根据所占有或所能调动旅游资源的层级,划分为三个等级,一级为靠近大城市、周边旅游资源丰富的主线服务区;二级为远离城区车流量不大的服务区;三级为周边旅游资源匮乏的一般服务区和停车区。

(4)驿站。驿站是服务设施综合载体。中华人民共和国住房和城乡建设部制定《绿道规划设计导则》,将驿站划分为三个等级:一级驿站是管理和服务中心,承担管理、综合服务、交通换乘功能；二级驿站是服务次中心，承担售卖、租赁、休憩和交通换乘功能；三级驿站作为使用者休息场所。

3.4.3 旅游线路相关理论

旅游线路定义目前尚未统一。学者们主要从供给视角、旅游者视角和风景设计视角进行了概念界定。总的来看，从供给视角，旅游线路是指"旅游服务部门，如旅行社等，为满足旅游者旅游活动全过程需要而设计的旅行游览路线，通常基于交通线路对各种旅游要素进行时空串联和组合"[①]。从旅游者视角，旅游线路是指"旅游者从居住地到旅游目的地，并返回居住地的游览活动轨迹"[②]，强调了旅游者旅游活动过程中的空间运动轨迹。从风景设计视角，旅游线路又称为"风景线""观光线"等，是"从微观尺度对某一特定旅游目的地的游览线路进行艺术和美学设计，具有观赏性"[③]。

（1）旅游线路节点。旅游线路集合了一系列满足旅游者多样化旅行需求的线路节点，主要分为城市节点、景区节点等。城市节点主要承担了旅游线路上的中转站或旅游目的地作用。

（2）旅游线路模式。旅游线路与旅游者行为之间具有相关性。通常旅游线路在一定程度上反映了旅游者的需求偏好和行为规律。具有代表性的旅游线路空间模式主要有如下几种。

①Campbell模型。旅游者从一个中心城市出发有多个旅游目的地时，形成的旅游线路通常趋向于一个闭合回路，并且根据旅游目的地类型差异，可以形成三种旅游线路模式，即度假路径、游憩性度假路径以及游憩路径。

②Lundgren施行模式。旅行线路模式分为普通列车旅行模式、特快列车旅行模式、早期汽车旅行模式、现代汽车旅行模式和航空旅行模式五种类型。

③Stewart-Vogt多目的地旅行模式。五类旅行线路模式，即区域游模式、旅行链模式、单目的地模式、中途模式和营区基地模式。

④楚义芳模式。根据游客行为和意愿特性，将大尺度旅游线路大致分为周游型和逗留型两类。

综上所述，风景道路网是新型旅游功能区和旅游目的地，旅游资源和旅游设施对构建风景道路网具有重要意义。其中，旅游资源是形成旅游景区、旅游目的地的核心要素之一，是吸引游客的原生动力，旅游资源分类与评价强调合理的旅游资源归类以及资源价值认定；旅游设施是旅游目的地的重要物质载体，其分类与分级倡导构建不同类型、不同等级的游憩设施，以满足不同层次旅游者多种旅游需求，以及旅游目的地旅游活动开展和旅游产品形成的需要。因此，旅游资源和旅游设施分类、分级与评价等，对于形成较为合理

---

① 马勇.旅游学概论[M].北京：旅游教育出版社，2004：89.

② 全华，王丽华.旅游规划学[M].辽宁：东北财经大学出版社，2003：78.

③ 任苏敏.上海迪士尼跟团游线路时空特征研究[D].上海：华东师范大学，2019：20.

的风景道路网构成要素及价值评价研究逻辑，构建风景道路网新型旅游功能区和旅游目的地，提供了研究线索。

此外，旅游线路是旅游者在旅游时的线性游览轨迹，反映了旅游者旅游需求和偏好。包含了"食、住、行、游、购、娱"等旅游要素，是一种旅游产品，具有空间属性，在微观尺度下，结合了美学和艺术设计的旅游线路是风景道的一种特殊类型。因此，理解旅游线路概念、特征、要素及空间模式，对于完善风景道路网要素、空间结构等具有重要作用。

3.5 图论相关理论

3.5.1 图与树相关概念

图论中的图是"用抽象形式，来表达和研究具体事物，以及事物之间是否具有某种特定关系的属性系统"[①]，而非通常意义下的几何图形或物体的形状图。图论中的图由要素点和边构成。将现实问题抽象为图，点表示现实中的对象，边表示对象之间的关系，且当对象之间有某种关系时，使用边将表示对象的点连起来。

图用自然语言表述，是由表示具体事物的对象（顶点或点）集合和表示事物之间的关系（边）集合组成。用数学语言表示，图 $G = (V, E)$，其中，$V = (v_1, v_2, \cdots, v_n)$ 表示所有非空的顶点集合，v_i 表示非空的顶点；$E = (e_1, e_2, \cdots, e_n)$ 表示所有边的集合，e_i 表示边，如图3-3所示。

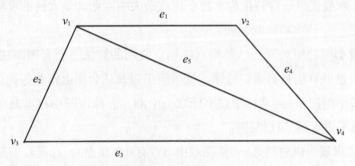

图3-3 图的表示

网络图是把现实中的对象和关系描绘成图，在此基础上，赋予图中的顶点或边具有一定意义的量化指标，就是将现实问题通过图转化为了网络图。网络图和图的最大区别在于，网络图具有表示一定意义的参数。现实生活中，交通网、公交网、水网、电网等，均可表示为网络图。不同的现实网络转化为网络图，参数代表的内容和意义不同。

连通的没有回路的图称为树。树主要具有以下性质：①连通图一定有支撑树；②n 个顶点的树有且只有 n-1 条边；③任意两个节点有且仅有一条简单路径，且是构成连通图的最小结构。

①张水舰. 基于GIS-T的城市交通最优路径诱导算法研究[D]. 成都：西南交通大学，2010.

支撑树。若图 $G = (V, E)$，图 $T = (V, E_1)$ 是图 G 的支撑子图，且为树，则图 T 是图 G 的支撑树，也称生成树。如图3-4所示。

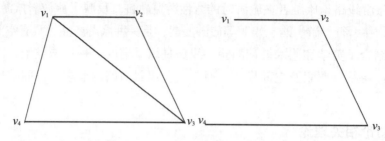

图3-4 树与支撑树（生成树）

最小树。若给图 G 里的边赋予一定的权值，形成加权图 G，则加权图 G 的所有生成树中，具有最小权值的生成树称为图 G 的最小树。

3.5.2 图与树相关算法

图、树等在实际生活中得到了相当广泛的应用，通常是将实际问题转化为网络图，并根据规划工作实际需要，寻求网络图的一个最优树。最优树是加权图 G 的所有生成树中，满足权和为最优的生成树，称为权意义下的最优树，既可以是权和最小的生成树，如求网络线路的距离、造价等问题；也可以是权和最大的生成树，如求网络线路密度或线路效益等问题。因此，求最优树通常转化为求最小树或最大树问题，最大树的求解是由最小树问题转化而来的。

目前，求最小树的相关算法已经相当成熟，常用的算法主要有破圈法、Kruskal算法和Prim算法等。这些算法具有通俗易懂、简单明了以及适合图上作业等优点。

破圈法求最小树思路是："从图 G 中任取一个圈，去掉该圈中权重最小的边，重复操作，直至整个图不再有圈，且仍连通"[1]。

Kruskal算法求最小树思路是："从图 G 中（G 有 n 个顶点），选择权值最小且不和已选边构成圈的边，将其添加到边集 E 中，否则就选择另一条权值较小的边判断，如此重复，直至 E 有 $n\text{-}1$ 条边为止"[2]。

Prim算法求最小树思路是："对于图 G（G 有 n 个顶点），构造 G 的最小树的顶点集合 U 和边集 T，且初始值为空。从 G 中任选一顶点加入 U，之后，每次都分别从顶点的补集中选择与集合 U 中顶点相连且权重最小的点，并将点加入 U，将边加入 T，直到所有顶点都加入集合 U 为止"[3]。

---

① 许文斌，王颖. 树状给水管网布置形式优化设计[J]. 水资源与水工程学报，2014，25（6）：226.

② 王伟，孟思燕. Kruskal算法的研究与改进[J]. 重庆文理学院学报（自然科学版），2010，29（3）：25.

③ 涂鹏，张恒，孙建春. 基于权矩阵的通风网络最小生成树算法研究[J]. 铁道科学与工程学报，2018，15（9）：2285.

破圈法简单易行，但对于节点较多的图，应用效率较低，适合求稀疏图的最小树；Kruskal算法时间复杂度与图的边有关，与顶点无关，每次都要判断新添加的边是否形成圈，图的边较多时，计算复杂，效率较低，适合求稀疏图的最小树；Prim算法时间复杂度与图的顶点有关，与边无关，求解过程中不用判断新添加的边是否形成了新的圈，当图接近完备时，其效率较Kruskal算法高，适用于求稠密图的最小树。

综上所述，图论是网络分析的重要基础理论之一，可以将许多实际问题等价转化为图论问题来解决，具有直观、清晰、简捷等优点。公路网布局通常为了便于图上作业和直观描述，抽象为网络图来研究。图论最小树理论常用于公路网布局线路选择，来寻求重要度最大的路网最优树。由于公路网通常节点较多，边的稠密程度高于顶点个数，常用的"破圈法"和Kuskal算法，相较于Prim算法，处理节点数量的规模和能力较低，且Prim算法"节点分层，逐层解算"的思路，与逐层布局路网的思路较吻合。因此，常采用Prim算法逐层展开布局路网最优树。风景道路网是传统公路网的一种特殊类型，因此，风景道路网布局研究可以按照公路网布局研究思路，借鉴图论相关理论，将实际风景道路网转化为抽象网络图，并以最小树的Prim算法为基础，来计算风景道路网最优树。

第4章 风景道路网理论

目前，随着自驾车和全域旅游时代的到来，交旅融合的快速推进，风景道成为交旅融合发展的重要载体，是一种新型旅游功能区、旅游产品和线型旅游目的地，顺应了时代的迫切需求，受到国家顶层制度设计层面的重视和支持，获得地方政府的重视和市场的青睐，迎来了重大的发展机遇。风景道必须由一条风景道向着风景道网络发展，实现网络化、多元化、系统化，才能够很好地实现交通流和旅游流顺畅，促进资源整合、产业融合和全域旅游目的地建设并释放出强大的辐射与带动作用。为此，需要对风景道路网从理论上进行新的思考，从而促进风景道路网更加科学、理性和可持续地发展。

4.1 概念界定

风景道路网是指一定区域范围内，以旅游资源为先导，以交通路网为基础，整合风景道廊道范围内的旅游资源、旅游城镇、旅游交通枢纽、旅游产业园区、旅游服务设施等运输点，以及这些运输点之间的道路，按一定规律组合而成的具有旅游、交通、景观、文化、生态和经济等功能的网络系统有机集合体。这些运输点被视为风景道路网节点，运输点之间的连线被称为风景道路网路线（简称风景道路线），如图4-1所示。

风景道路网节点是风景道路网上旅游交通流产生、消散或旅游交通流路径转换的地点，以及体现风景道路网旅游交通运输服务需求的点。风景道路网节点相当于风景道路网中的"源"，旅游交通流以此为源点进行汇集、转换和扩散。同时，风景道路网节点也是各类旅游活动、旅游产品、旅游服务等相关要素的载体和平台。

风景道路线是风景道路网节点之间的连线，即连接风景道路网节点的道路。风景道路线是发挥风景道路网功能的主要载体，通过串联风景道路网节点形成线性廊道旅游产品和旅游目的地，是具有方向性的旅游交通流行进的主要介质和自驾旅游体验"美在路上"的基础载体，也是交旅融合的重要窗口。

风景道路网抽象为网络图，则风景道路网节点就是网络图的"顶点"，风景道路线是网络图的"边"。

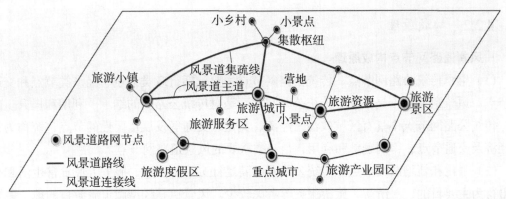

图4-1 风景道路网概念模式图

4.2 风景道路网构成

4.2.1 构成要素

风景道路网由"三节点、三路线"构成，如图4-2所示。

"三节点"指的是风景道路网三种属性类别的节点，分别为社会经济及交通节点、旅游资源节点、旅游接待与服务设施节点。其中，社会经济及交通节点主要包括行政类节点、经济类节点、交通类节点；旅游资源节点主要包括地文景观节点、水域景观节点、生物景观节点、天象与气候景观观赏节点、建筑与设施节点、历史遗迹节点以及人文活动节点；旅游接待与服务设施节点主要包括餐饮设施节点、住宿设施节点、游憩娱乐设施节点、购物设施节点。

"三路线"指的是风景道路网三等级的风景道路线，分别为风景道主道、风景道集疏线和风景道连接线。

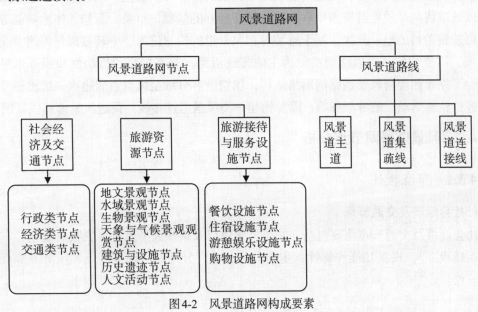

图4-2 风景道路网构成要素

4.2.2 构成原理

1. 风景道路网节点构成原理

（1）继承传统公路网节点。传统公路网节点主要包括行政类节点、经济类节点和交通类节点。风景道路网不是独立于传统公路网，而是对传统公路网的继承、利用和提升。因此，传统公路网节点中具有区域政治、经济、文化、交通等发展重要性的节点，统称为社会经济及交通节点，得到继承和利用，是一类重要的风景道路网节点。

（2）强化和新增两类节点。传统公路网以满足社会经济发展、服务人民日常生活和交通出行为主要目的，对游憩、旅游服务等考虑较少。风景道是线型廊道旅游目的地，主要朝着高品质旅游资源布线，同时，风景道为满足旅游者完整旅游体验过程中，对"食、住、行、游、购、娱"的旅游需求，促进形成风景道特色旅游接待与服务设施。风景道路网是以风景道为轴，将周边各类节点串联而形成的旅游目的地。因此，风景道路网强化并突出了传统公路网中社会经济及交通节点的重要性，并新增了旅游资源节点、旅游接待与服务设施节点。

2. 风景道路线构成原理

（1）传统公路网等级划分的局限性。传统公路网通常按照行政等级，将公路分为国道、省道、县乡道等，或按技术等级分为高速、一级、二级、三级、四级公路。而风景道路网需要考虑与旅游资源整合以及与既有公路网的连接等，通常与既有公路网在一定地理空间范围内相互交织，路线构成复杂。如一条风景道路线，由于地理、自然、行政区划等影响，由不同行政等级或技术等级的路段共同构成。因此，风景道路网不能简单采用行政等级或技术等级对风景道路线进行分类或分级。

（2）风景道路网旅游、交通功能及服务特征的差异性。首先，风景道路网以风景道为轴，风景道将高品质旅游资源串联，道路具有较好的景观、审美、游憩、体验功能等，是线型廊道旅游目的地；其次，基于旅游者在风景道的快速进入、中转或离开等旅游交通集散需求，需要构建一类以交通功能为主的集疏道路，具有较高的机动性和服务水平；最后，为了完善和加密风景道路网网络结构，加快游客分散至风景道周边次一级旅游景区景点等进行旅游活动、旅游服务等，需要构建一类风景道连接线，促进风景道路线联网。

4.3 风景道路网节点分析

4.3.1 节点概述

1. 社会经济及交通节点

社会经济及交通节点主要包括"城市、集镇以及某些大型工矿、农牧业基地、车站港口等运输点"[①]。根据功能和属性，主要分为三类，分别是行政类节点、经济类节点和交通类节点。

---

① 裴玉龙.公路网规划[M].北京：人民交通出版社，2011：20.

行政类节点是市、县、乡镇、行政村等政府驻地，为区域的政治、经济及文化等中心。其中，一部分城市或乡镇除承担基本行政功能外，还因具有丰富旅游资源、具备一定旅游接待能力且旅游业成为经济发展的支柱产业或至少占有重要地位，而发展为旅游城市或旅游小镇等。

经济类节点主要为地区性的重要工业、农业、商业贸易交流中心等所在地，如大型工矿、农牧业基地、商贸中心等。其中，部分依托加工、制造、发电、采掘等企业，或者农业场地、生产环境与设施等来开展旅游活动，形成旅游经济属性显著的农旅一体化产业园区、文化创意产业园区、旅游经济开发区等。

交通类节点即航空、铁路、水运及公路的机场、高铁站、港口码头等运输枢纽所在地[①]，主要为对外交流的门户。交通类节点不仅承担传统的、一般性的交通运输服务，通常也是旅游交通方式到达、换乘、中转、发散等服务的载体，发挥了旅游交通枢纽的功能和作用。一些交通类节点，通过整合旅游交通服务、餐饮、商业、文化休闲、游憩等功能，形成高效率、多功能的旅游交通综合体。

社会经济及交通节点是风景道路网旅游发展的重要支撑。主要具有以下功能：一是重要的政治、经济、文化、交通等中心，具有区域发展重要性；二是人类生产生活高度集中的场所，大量人口聚集，是重要的旅游客源地；三是通常各类基础设施完善，是餐饮、娱乐、住宿、交通中转或换乘等旅游服务的重要供应基地和活动中心；四是较强的经济功能，通常能够吸引投资与消费，拉动旅游相关产业发展，完善风景道路网区域旅游经济结构并提供更多旅游就业岗位。

2. 旅游资源节点

旅游资源节点是指风景道路网上，凡能对旅游者有吸引力，能激发旅游者旅游兴趣，具备一定旅游功能和价值，可以为旅游业开发利用，并能产生经济效益、社会效益和环境效益的事物和因素。

风景道路网旅游资源节点依据《旅游资源分类、调查与评价》（GB／T 18972—2017）进行分类，主要有以下七类。

（1）地文景观节点指由地球内、外引力作用于地球岩石圈层而形成的各种现象和事物。主要包括山丘、谷地、沉积构造景观旅游地、丹霞景观旅游地、地震遗迹、岛礁等。

（2）水域景观节点指以水体为中心，在地质地貌、气候、生物及人类活动等因素共同作用下，形成的水体景观。主要包括观光游憩河段、天然湖泊、沼泽、湿地、瀑布、河口与海面等。

（3）生物景观节点指以生物群体构成的总体景观或个别的具有珍稀品种和奇异形态的个体生物景观所在地。主要包括森林、草原、花卉地、野生动物栖息地等。

（4）天象与气候景观观赏节点指能观测到奇特天文现象与天气变化的时空表现现象的所在地。主要包括如日月星辰等光现象观赏地、云海观赏地等。

---

① 张生瑞，周伟.公路网规划理论与方法[M].北京：中国铁道出版社，2009：11.

（5）建筑与设施节点指融入旅游的某些基础设施或专门为旅游开发而建设的建筑物和场所。主要包括游乐园、动植物园、城堡、传统村落、特色街区、水库观光游憩区等。

（6）历史遗迹节点指人类活动的遗址、遗物和其他有历史、纪念价值的文化遗迹等。主要包括史前人类活动场所、原始部落、军事遗址、古战场等。

（7）人文活动节点指开展歌舞演出、宗教与节庆活动等，与游客共同分享地方文化生活的活动场所。主要包括艺术活动展演地、庙会与民间集会地、民间节庆活动场所等。

旅游资源节点是风景道路网的一类重要节点，主要功能体现在：一是对旅游者而言，能够激发旅游者旅游动机，吸引并产生旅游出行并在旅行途中，为旅游者提供游憩活动机会；二是对风景道路网所在地区或旅游经营者而言，能够通过旅游发展产生旅游经济效益、社会效益等；三是旅游资源节点是风景道路网的核心旅游吸引物以及风景道路网成为旅游目的地和实现旅游发展的前提、基础和核心要素。

3. 旅游接待与服务设施节点

旅游接待与服务设施节点是指风景道路网上，主要为旅游者直接或间接提供餐饮、住宿、娱乐、购物、观景、休憩等多种旅游服务所凭借的各种设施、设备和相关的物质条件，通常为大型的独立设施或设施群所在地，有较强的旅游吸引力和旅游接待服务能力。

风景道路网旅游接待与服务设施节点依据旅游设施分类以及风景道特色旅游接待与服务设施类型，主要形成四类，分别是餐饮设施节点、住宿设施节点、游憩娱乐设施节点以及购物设施节点。

（1）餐饮设施节点指主要向旅游者提供餐饮服务的设施和设备，通常为大型的特色餐厅、酒店、旅游服务区、野餐区、野营区、驿站等。

（2）住宿设施节点指为旅游者提供"家"的服务的设施和设备，通常为大型的酒店、度假别墅、特色民宿、旅游服务区、汽车营地、驿站等。

（3）游憩娱乐设施节点指主要供旅游者放松、娱乐的大型休闲度假地、大型户外游憩活动场所等，如滑雪胜地等。

（4）购物设施节点指主要供旅游者购物的大型场所及其相关设备，如大型综合性购物商城等。

旅游接待与服务设施节点主要具有以下功能：一是为风景道路网旅游提供各种服务，丰富旅游活动及旅游产品等，如提供满足自驾旅游者旅行和游览需求的各类交通工具的维修、保养等服务，司乘人员休憩、购物、观景等旅游服务；二是彰显与强化风景道路网主题与功能，优化游憩体验，提升风景道路网旅游服务品质和旅行体验；三是增加风景道路网游客体验乐趣，以延长游客停留时间，增加旅游收入。

4.3.2 节点组合

风景道路网节点往往采取多个不同类别的节点组合在一起的方式，形成单一型（看作一项组合）、两项组合和三项组合，统称为组合节点。

单一型即三种单一类别节点，包括社会经济及交通节点、旅游资源节点、旅游接待与服务设施节点。

两项组合有三种，包括：社会经济及交通节点和旅游资源节点的组合、社会经济及交通节点和旅游接待与服务设施节点的组合以及旅游资源节点和旅游接待与服务设施节点的组合。

三项组合有一种，即社会经济及交通节点、旅游资源节点和旅游接待与服务设施节点的组合。

4.4 风景道路网路线分析

4.4.1 路线概述

风景道路网路线（简称"风景道路线"），根据旅游、交通功能及服务特征等差异，分为三个等级，分别是风景道主道、风景道集疏线和风景道连接线。如图4-3所示。

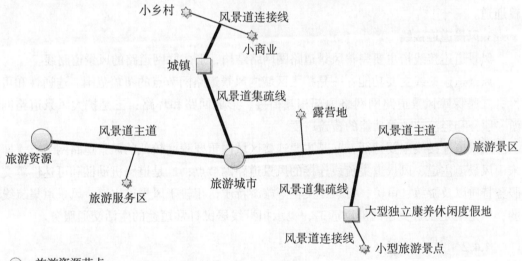

⬤—旅游资源节点；

⬛—传统公路网节点和旅游接待与服务设施节点；

✩—尚未连接的重要性较低的风景道路网节点。

注：线段粗细仅表示风景道路线功能等级，不表示道路技术等级；节点包括单一型，两项和三项组合型。

图4-3 风景道路线分类

1. 风景道主道

风景道主道指以审美、游憩等旅游功能为主的风景道路线。

风景道主道以旅游功能为核心，主要功能：一是风景道路网的主骨架，承担核心旅游发展轴的任务；二是风景道主道是风景道路网核心旅游吸引物，重要的线型廊道旅游目的地和旅游产品，提供满足游客观景、审美、游憩活动等愉悦旅游体验的重要功能。

风景道主道主要特征：一是主要沿着内在品质高的旅游资源分布；二是具有突出的审

美风景、自然生态、历史文化、游憩服务等特征，体现了美在路上且风景道主道依据旅游资源核心品质，可形成不同主题，如自然型、田园型、滨水型等；三是道路服务水平较高，旅游产品、旅游服务配套设施等较完善。

2. 风景道集疏线

风景道集疏线指主要提供旅游交通快速集散、中转等功能的风景道路线。

风景道集疏线具有突出的交通与服务等功能，主要功能：一是作为风景道路网次骨架，增强风景道主道外联内通性和可达性、旅游交通流动性、组织的机动性与灵活性以及稳步带动客源；二是作为风景道主道外向拓展、主要对接周边交通路网的"通道型"道路，引导和组织旅游交通快速进入、中转、离开风景道主道，分散至周边重要节点，以获得食宿、娱乐、购物等多样化旅游服务、旅游活动等。

风景道集疏线主要特征：一是依据路线功能，主要连接重要的社会经济及交通节点和旅游接待与服务设施节点；二是道路具有较高的机动性、可达性等服务水平等；三是既是旅游交通的快速集散通道，也是承担地方经济往来、生产生活、日常出行等的主要交通运输通道。

3. 风景道连接线

风景道连接线指主要完善风景道路网网络结构，形成联网道路的风景道路线。

风景道连接线主要功能：一是扩大区域内风景道路网节点的覆盖范围、连通性和可达性；二是保障风景道路网网络内部相互衔接，形成回路和环路；三是扩大风景道路网旅游、服务和经济拉动等功能的覆盖广度。

风景道连接线主要特征：一是主要连接区域内重要程度较低的风景道路网节点，即尚未由风景道主道、风景道集疏线连接的风景道路网节点；二是道路机动性和可达性等交通服务特质以及游憩、审美、自然、文化等旅游特质，相较于风景道主道、风景道集疏线较弱；三是既是旅游交通的流动通道，也承担沿线居民日常短途的生活交通服务。

4.4.2　关系分析

风景道路线与一般公路具有相关性，主要体现在两方面，分别是道路行政等级与技术等级相关性以及道路建设相关性。

1. 风景道主道与一般公路关系

风景道主道与一般公路的道路行政等级与技术等级关系，主要体现在：风景道主道主要采用行政等级为国道、省道，或技术等级较高的公路。

风景道主道主要连接品质高的旅游资源，路线强调审美性以及愉悦的驾驶体验，而非更快的驾驶速度，以使游客"慢下来"体验风景道的"美在路上"。同时，路线也强调较高的道路服务水平、良好的路况条件等。

因此，风景道主道宜采用行政等级为国道、省道，或技术等级为二级、三级的公路，部分路段也可利用高速或一级公路连接。实际建设中，应依据自然、生态、地质地形等条件灵活设计。

风景道主道与一般公路的道路建设关系主要体现在：风景道主道既包括新建道路，也包括利用或提级改建既有公路。

一是新建道路。对尚未连接的较高品质旅游资源节点，风景道主道应采用新建道路的方式来连接这些节点。

二是提级改建既有公路。已有公路连接较高品质旅游资源，但公路等级较低，为县、乡道或四级等公路时，降低了旅游体验质量，此时，需要对较低等级的既有公路进行提级改建，以适应风景道主道旅游交通需求。

三是利用既有公路。已有公路连接较高品质旅游资源且既有公路交通服务水平较高、驾驶体验较好时，如国道、省道或二级、三级公路，风景道主道可直接利用此段既有公路。

2. 风景道集疏线与一般公路关系

风景道集疏线与一般公路的道路行政等级或技术等级关系主要体现在：风景道集疏线采用较高行政等级或技术等级的公路为主。

风景道集疏线通常既是风景道路网旅游交通集散的通道，也是区域重要的交通运输通道，主要强调交通功能，较高道路服务水平，快速、灵活的旅游交通机动性和可达性等。因此，风景道集疏线宜采用较高行政等级，如国道、省道，或较高技术等级，如高速、一级或二级公路。

风景道集疏线与一般公路的道路建设关系主要体现在：风景道集疏线以利用较高等级既有公路，或提级改建较低等级既有公路为主，新建道路较少。

一是利用较高等级既有公路。既有公路等级较高，具有较高的道路服务水平，能够较好地满足旅游交通快速机动性和可达性等要求，风景道集疏线可直接利用既有高等级公路。应特别地重视既有高速公路出口设计等，要便于与风景道主道连接。

二是提级改建较低等级既有公路。既有公路等级较低时，如县、乡道或四级公路等，道路服务水平较低，无法满足旅游交通的快速机动性和可达性等要求，此时，风景道集疏线应因地制宜地对较低等级既有公路进行提级改建。

三是新建道路。尚未有公路对重要的社会经济及交通节点、旅游接待与服务设施节点等进行连接时，风景道集疏线应采用新建道路的方式来连接这些节点。

3. 风景道连接线与一般公路关系

风景道连接线与一般公路的行政等级或技术等级关系主要体现在：风景道连接线主要采用较低行政等级或技术等级的公路。

风景道连接线主要连接重要性较低的风景道路网节点，是补充和深化风景道路网网络结构和功能的联网道路，道路的旅游功能、交通功能、交通机动性和可达性等，较风景道主道和集疏线相对较弱。因而风景道连接线宜采用较低行政等级的公路，如县、乡道或专用公路，或较低技术等级的公路，如四级公路等。

风景道连接线与一般公路的道路建设关系主要体现在：风景道连接线以直接利用较低

等级既有公路为主，新建道路较少。对于存在安全隐患，旅游体验或驾驶体验等糟糕的低等级公路，应因地制宜地进行提级改建。

风景道路线的分类分级见表4-1所列。

表4-1 风景道路线分类分级

等级	分类	主要连接节点	主要功能	与一般公路关系		
				道路建设	行政等级	技术等级
第一层	风景道主道	品质较高的旅游资源节点	旅游功能为主,是核心旅游目的地和旅游产品	新建为主	国、省道为主	二级或三级公路为主,高速、一级公路为辅
第二层	风景道集疏线	重要的社会经济及交通节点和旅游接待与服务设施节点	交通运输、集散功能为主	利用和提级改建为主	国、省道为主	高速、一级或二级公路为主
第三层	风景道连接线	重要性较低的风景道路网节点	完善风景道路网网络结构,补充和深化风景道路网功能,扩大辐射影响范围	利用和提级改建为主	县、乡道或专用公路为主	四级公路等

4.5 风景道路网功能与特征

风景道路网是公路网的一种特殊类型，除具有一般公路网的功能与特征外，还形成了一些自身的独特功能和特征。

4.5.1 风景道路网功能

（1）风景道路网主要有六大功能，分别如下。

交通运输功能。通过构建风景道路网网络系统，实现风景道路网节点间的交通连接与通达，提高旅游交通的快速性与可达性。同时，也为风景道路网所在区域的地方生产、生活，以及旅游交通的流动、到达、中转与集散等提供交通运输服务。

（2）游憩服务功能。风景道路网整合并优化利用旅游资源，形成新型旅游功能区和旅游目的地，提供丰富的旅游产品、户外游憩活动和旅游体验机会，游憩功能突出。同时，风景道路网整合区域内重要的旅游城镇、旅游乡村、旅游休闲度假区、旅游服务区、营地、驿站等，提供多元的餐饮、住宿、娱乐、购物、租赁、加油等服务，旅游服务功能显著。

（3）资源保护功能。风景道路网通过风景道集疏线、风景道连接线，引导和分流风景道主道游客，避免因大量游客聚集而引发交通拥堵，对风景道主道沿线旅游资源具有保护生态安全格局的作用。同时，风景道路网强调"道路轻柔地坐落在土地上"的理念，形成局部自然环境的自主涵养生态体系，减少环境破坏，实现生态保护。

（4）景观生态功能。风景道路网串联优质的旅游资源，为游客展示了国土的自然美、生态美、文化美等，加之风景道路线线形优美流畅，具有动态美，共同体现了风景道路网的景观审美性。

（5）历史文化功能。风景道路网将散落的文化资源以自然线型景观的方式串联起来并将文化元素融入风景道要素建设中，如文化护栏、建筑景观小品等，成为文化流动廊道，以及传递文化、情感交流的场所和平台，实现历史文化、地方文脉的展示、传承与保护。

（6）经济拓展功能。风景道路网是以自驾旅游为主的旅游目的地，促进房车、营地等旅游新业态、旅游新产业等发展，增加沿线土地价值以及旅游就业等，产生旅游收益。同时，通过与周边旅游城镇、乡村、景区景点、产业集群等连接，扩大和深化了风景道路网的经济覆盖范围和影响深度，具有辐射拉动地区经济发展和脱贫致富等作用。

4.5.2 风景道路网特征

风景道路网除具有一般公路网的集合性、关联性、目的性、适应性等特征以外，还具有审美性、体验性和复合性等特征。

（1）集合性。风景道路网是由不同类型风景道路网节点、不同功能的风景道路线，相互联系，共同集合而形成的有机整体。

（2）关联性。风景道路网节点和风景道路线具有时空关联性。同时，风景道路网还具有社会关联性，表现在风景道路网与既有公路网、外部综合交通网络，以及外部经济、文化、自然、生态等环境相互联系，相互影响。

（3）目的性。风景道路网主要是为实现旅游目的和旅游功能而发展建设的，同时，通过建设也实现保护生态、文化展示以及带动地方经济发展等目的。

（4）适应性。风景道路网发展，与国家发展的政策环境相适应；与地方社会经济发展相适应；与国土、生态、交通、旅游等发展规划相适应。

（5）审美性。风景道路网整合高品质的自然、人文、历史等旅游资源，拥有丰富多彩的自然风景美，历史、民俗等文化艺术美，景观环境的社会美和生活美，以及路线线形的动态美等，体现了风景道路网的审美性特征。

（6）体验性。风景道路网是公路型旅游产品，其良好的路域自然环境和人文景观环境、综合服务水平较高的道路驾驶条件以及独具特色且丰富多样的游憩服务设施等，体现了风景道路网具有舒适愉悦的自驾旅游体验特征。

（7）复合性。风景道路网的复合性特征主要体现在：属性复合，它既是一类特殊的公路网络，也是一类新型旅游功能区、旅游目的地和旅游产品；功能复合，它具有旅游、交通、景观、文化、生态、经济等多种功能；关系复合，它与一般公路网具有继承和独立、改建和新建等多种关系并存的复杂关系。

4.6 风景道路网形成机理

风景道路网是一个复杂的系统，它的形成是内生动力与外生动力共同作用的结果。风景道路网形成过程中，内生动力是指旅游资源因子、旅游接待与服务设施因子、需求因子，以及"节点—路线"等内在要求的推动；外生动力是指政策、环境等因子的外部推动。明确风景道路网形成的驱动因素及其作用模式，对于指导风景道路网构建、优化网络结构等具有重要意义。

4.6.1 内生动力

1. 旅游资源是风景道路网形成的牵引力

旅游资源对风景道路网形成具有牵引力，主要体现在以下两方面。

一是旅游资源是促进形成风景道路网旅游目的地的核心要素和主要旅游吸引力。旅游资源包括传统点状旅游资源和线型旅游资源（风景道）。点状旅游资源的散布，以及与道路耦合，产生互补和叠加效应，进一步推动形成以道路为载体的线型旅游资源和旅游目的地。同时，旅游资源禀赋是主要旅游吸引力所在。因此，旅游资源是形成风景道路网旅游目的地的基础和核心要素，以及核心旅游吸引力。

二是旅游资源空间分布引导风景道路网空间格局。旅游资源点状分布的时空不均匀性，客观上造成风景道路线随着旅游资源品质分布的变化而变化并引导旅游流的流动与聚集，最终影响风景道路网空间格局发展。

2. 旅游接待与服务设施是风景道路网形成的吸引力

旅游接待与服务设施是风景道路网形成的吸引力，主要体现在以下两方面。

一是旅游接待与服务设施是促进形成风景道路网旅游目的地的主要要素和旅游引导力。旅游接待与服务设施承载旅游目的地"食、住、行、游、购、娱"等各种旅游活动以及旅游服务，满足旅游者多元化的旅游需求，对旅游者具有一定旅游引导力。因此，旅游接待与服务设施是构建风景道路网旅游目的地的重要物质载体，具有旅游支撑和引导作用。

二是旅游接待与服务设施引导形成风景道路网空间格局。旅游者旅游需求具有多样性、层次差异性、指向性等特征，影响了旅游接待与服务设施的多样性、层级性以及时空分布不均衡性等。因此，旅游接待与服务设施对旅游者的旅游吸引力，影响和引导了风景道路线产生与方向延展以及风景道路网空间结构等。

3. 需求是风景道路网形成的拉动力

需求对风景道路网形成的拉动力主要体现在以下三个方面。

一是旅游交通需求的提高促使公路向风景道和风景道路网发展。公路是传统旅游出行链中旅游通道的典型物质载体。随着旅游发展，特别是自驾旅游的兴起，旅游出行呈现品质化、需求差异化等特征，旅游交通需求从以安全、通畅等为主的较低层次，向以舒适、愉悦、审美等为主的高层次转变，促使公路、公路网超越了传统出行工具的基本属性，而与旅游资源、自然生态、历史文化等融合，形成以道路为载体的旅游目的地，即风景道和风景道路网。

二是旅游交通需求压力影响风景道路网网络结构。随着旅游者大量涌入，迫于旅游交通需求压力，为保障风景道主道旅游流通畅以及旅游体验高质量、缓解旅游聚集带来的交通压力，而形成和发展许多支线风景道，来分流旅游交通，引导旅游者至周边休闲游憩地旅游等，促使风景道向环状、网状的风景道路网结构发展。

三是旅游需求促进风景道路网构成要素完善。旅游者旅游需求具有多样性、整体性、时空分布不均衡性等特征，因而需要综合考虑旅游者的不同旅游偏好，来构建具有不同类型和功能的风景道路网节点体系以及风景道路线，以满足不同旅游需求，进而推动了风景道路网构成要素的完善、路网结构的丰富和旅游目的地的形成。

4. "节点—路线"是风景道路网形成的互动力

风景道路网节点与风景道路线，二者为非同步且相互追赶的互动力，促进了风景道路网的形成与发展。

风景道路网节点与风景道路线不是同时存在的。在一些地方，风景道路网节点优先于风景道路线存在。具有较强旅游吸引力的风景道路网节点，吸引大量旅游者到来，进而带动风景道路线产生，并决定了随后的风景道路网形态、旅游价值和旅游效益。在另一些地方，风景道路线又优先于风景道路网节点存在。风景道路线对旅游具有锁定效应，能够引导旅游流动方向，控制旅游流规模大小和流速等，并驱动旅游流在节点以及轴线的聚集与扩散，最终影响风景道路网节点的发育。风景道路网节点与风景道路线互为反馈，产生相互促进和带动发展的互相追赶关系，促进"节点—路线"空间布局的不断调整，最终，影响和促进风景道路网形成与发展。

4.6.2 外生动力

1. 政府是风景道路网形成的引导与调控力

风景道路网形成过程中，政府扮演着极其重要的角色，是强大的外在推动力。

一是政府为风景道路网形成提供方向引领。国家政策指明一个时期内社会发展方向，影响资源在各行业、各领域的配置等；地方政策直接影响和决定风景道路网建设可行性、建设规模等。因此，政府的行政力量对风景道路网发展格局、空间布局以及优化网络协调性等提供保障和产生影响。中国风景道路网就是响应中国生态文明建设、建设美丽中国的基本国策而产生的。

二是政策法规规范风景道路网形成与发展。政府制定的政策、法规、技术指南、标准等，规范了风景道路网的建设和发展。近年来，文化和旅游部、交通运输部等，先后出台相关政策法规，如交通运输部办公厅印发《关于组织开展旅游公路示范工程建设的通知》，对旅游公路示范工程建设标准和要求进行说明；《关于实施绿色公路建设的指导意见》对绿色公路建设提出要求，旅游部门制定了相关标准对风景道认定标准等进行研究与制定，促进了风景道路网的规范化建设与发展。

2. 区位环境因素是风景道路网形成的支撑与约束力

风景道路网以及伴随的旅游交通运输活动是在一定地理区位、资源环境和社会经济水平下进行的。它们既是风景道路网形成的重要支撑，同时也具有约束作用。

一是地理区位的支撑与约束。地理区位是风景道路网初始区位形成的基础。同样，地理区位优劣也会直接影响风景道路网的网络可达性，对风景道路网形成约束。

二是环境的支撑与约束。环境为风景道路网的形成提供自然资源条件。同时，环境承载力，地质、地基等的强度和稳定性，山川、湖泊等的自然生态承载力，土地资源的用地面积限制等，对风景道路网的形成具有一定的约束。

三是经济水平的支撑与约束。当社会经济水平较高时，追求高质量的休闲享受成为人们内在心理诉求，旅游成为发展的必然结果，也为作为旅游活动形态之一的风景道路网旅游，提供了发展的条件和可能。同时，无论是风景道路网的规划建设，还是节点的打造等，均离不开财政支持。因此，社会经济为风景道路网的形成与发展，提供了经济基础和经济保障，直接影响和决定风景道路网的建设落实与发展。反之，社会经济水平较低时，旅游发展需求较弱，则风景道路网建设和旅游发展的财政支持较少，对风景道路网的形成与发展产生约束。

4.6.3 作用模式

风景道路网形成是建立在各相关因素相互作用的基础上的，本质是多方协调、共同发挥彼此的优势，推进形成风景道路网。风景道路网形成机理如图4-4所示。

从内部驱动来看：旅游资源因子从点状旅游资源到线状风景道旅游资源的丰富，为风景道路网旅游产品、旅游活动、旅游目的地和新型旅游功能区等的形成，提供了核心物质要素；旅游资源禀赋赋予风景道路网核心旅游吸引力；旅游资源分布引导了风景道路网空间格局。旅游接待与服务设施因子是完善风景道路网旅游活动、旅游服务等功能的重要物质载体；牵引旅游者流动形成的旅游吸引方向，影响和引导了风景道路线产生与方向延展以及风景道路网空间结构等。需求因子引导了风景道线型廊道向风景道路网的网络化扩张以及风景道路网结构要素的形成与完善。"节点—路线"二者互相追赶的互动反馈，促进了风景道路网空间布局不断调整和发展完善。

从外部驱动来看：政府政策因子运用行政力量和政策工具，对风景道路网形成和发展进行外部调控，就像一只"无形的手"，引导、保障和调控了风景道路网规模体系的形成与发展。区位环境因子是孕育风景道路网的土壤，对风景道路网形成起着长期稳定的基础性作用。但同时，地理区位约束、资源环境容量与承载力约束、较低经济水平约束等，影响和限制了风景道路网形成。

总的看来，风景道路网的形成，是在内部各因子的牵引、吸引、拉动和互动作用下，以及外部各因子的引导、调控、支撑和约束作用下，产生共同驱动力，使得道路和旅游内聚发展，推动风景道路网形成和发展。

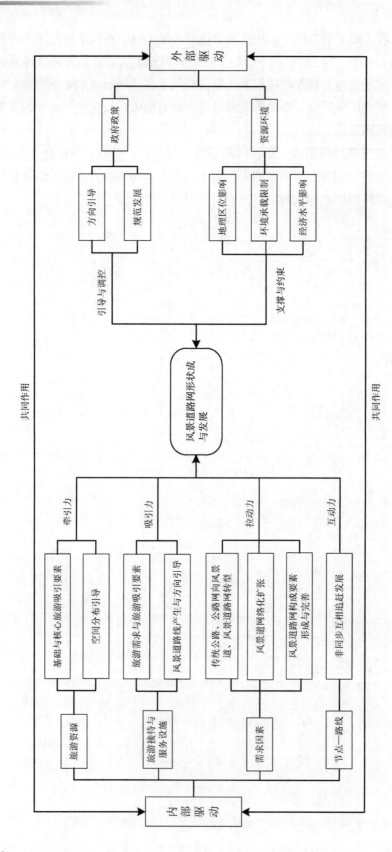

图4-4 风景道路网形成机理图

4.7 风景道路网布局

4.7.1 布局概念

风景道路网布局是指在一定区域范围内，根据社会经济、交通、旅游等发展现状及趋势，以及旅游资源、自然生态、地形地貌等环境条件，以交通发展为先导，旅游发展为目标，为实现交通与旅游、城镇建设、产业发展等深度融合，而确定一批重要的风景道路网节点，包括重要城镇、景区景点、特色村寨、产业园区、汽车营地、交通枢纽等，并采用适当方法，按照一定规律将风景道路网节点进行连接，形成风景道主道、风景道集疏线和风景道连接线，最终得到合理的风景道路网平面布局方案的过程。

风景道路网布局主要包括两方面内容，即节点选择和网络布局。

节点选择是指根据区域社会经济、旅游、交通等发展现状及趋势，构建风景道路网节点体系，并依据风景道路网节点类型、特征和功能差异，以及地位高低和作用大小，选择实际需要连入风景道路网的节点，并确定节点层次。

网络布局是指采用适当方法，将确定的风景道路网节点连接起来，从而形成不同等级、功能和特征的风景道路线，最终形成结构合理、功能配合、特色突出的风景道路网。

4.7.2 布局目标

风景道路网布局主要实现以下目标。

（1）资源连接、保护与提升目标。风景道路网改变了传统围墙内的旅游风景区开发模式，通过线型廊道，将众多散落的旅游资源、旅游城镇、游憩服务设施等进行连接。以空间上的组织和安排，实现资源的连接与整合，并通过重点管理与保护，维护并提升资源价值、品质以及功能等。

（2）交通改善与转型发展目标。风景道路网打破了传统公路网偏重工程技术的建设特征。通过道路与旅游、自然、生态、景观、文化等融合，在满足传统公路网的基本交通运输服务基础上，改善和提高了交通服务水平以及交通出行体验，提高驾驶乐趣，使风景道路网成为传统公路网向交通与旅游融合转型发展的示范、窗口和样板。

（3）旅游目的地与旅游经济发展目标。通过合理的风景道路网布局，整合提升旅游资源；改善和建设旅游设施；发展风景道路网旅游新产品和新业态，如营地、驿站、服务区、自驾车维修与租赁等，培育新的旅游经济增长点。最终，实现以风景道主道为轴，形成辐射周边的旅游目的地、旅游经济产业带和旅游经济发展模式。

（4）社区引领与提升目标。通过合理布局风景道路网，对旅游资源、自然生态、游憩服务设施，以及人文旅游活动等进行合理安排，以形成低碳、绿色、生态的廊道网络以及文化流动廊道和休闲游憩场所。最终,实现对风景道路网沿线社区人居环境的改善,绿色生态、整洁卫生,提高生活质量,使民众获得幸福感。

4.7.3 布局原则

风景道路网布局主要遵循以下原则。

(1) 整体协调优化。风景道路网布局,应从地区整体发展目标出发,着眼于风景道路网布局与上层国土、城镇、交通、旅游等规划的协调;与综合交通运输体系、既有公路网络体系等的协调;与城市、城镇、乡村等用地结构、人居环境等协调;与自身路网层次结构及路线设计相协调等。

(2) 因地制宜。风景道路网布局应在与现行国内外道路工程、风景道、绿道等相关标准对接的基础上,立足于规划区地理区位、地形地貌、文化风俗、社会审美,以及使用者需求等,因地制宜地布设路线,灵活设计。

(3) 可持续发展。风景道路网布局应注重社会效益可持续性,即以人为本,重视地方居民和旅游者的使用需求以及旅游的体验感、生活的幸福感和发展的获得感;应强调生态效益可持续,即将"集约节约"发展理念贯穿到风景道路网"建管养运"全过程,兼顾旅游、文物、自然、生态、游憩服务设施等的保护与利用并重,重视发展的阶段性与长期性相结合,为未来发展留有余地。

(4) 功能和需求为导向。风景道路网布局应根据风景道路线功能、特征,以及连接主要节点的类型,进行路线布设。同时,应与旅游交通源的分布,旅游交通流的流量和流向相结合,以实现风景道路网效益最大化。

(5) 继承性和分割性。我国公路网目前有大量国省干道使用率低,急需转型升级发展。因此,风景道路网布局应对交通功能相对弱化,而景观、自然、历史、文化或游憩品质较为突出的公路进行提升改造。同时,尽量避免或绕开旅游品质较低、旅游功能较弱的地区,采用"远而不疏,近而不入"的方式布线,引导交通流,避免交通混杂、交通拥堵不畅等。

4.7.4 影响因素

风景道路网布局受多种因素影响,需要统筹考虑社会、经济、旅游、客源、需求、国土、自然、地理等的综合效益,才能实现合理布局,实现旅游交通流在风景道路网上的有序流动和良性互动。总体来看,风景道路网布局主要受到以下因素的影响。

(1) 社会发展环境。风景道路网建设是为了推动地方旅游发展,满足旅游客流、旅游交通流、旅游物流、旅游信息流等的运输和交换,因此,旅游经济、旅游生产力、旅游客源地、旅游发展要素分布等,影响风景道路网的布局和发展。

（2）风景道路网节点。风景道路网布局是通过一定方法将确定的风景道路网节点连接起来，且不同等级和功能的风景道路线选择和连接的节点不同。因此，风景道路网节点的类型及分布影响风景道路线走向，最终影响风景道路网布局。

（3）旅游交通需求。风景道路网布局本质上是旅游交通需求与旅游交通供给相互适应的结果。风景道路网旅游交通需求主体以自驾游客为主，只有运输需求主体认为物有所值，风景道路网布局才被认为是合理的。因此，自驾旅游交通需求、旅游交通流量大小以及旅游交通流向分布等都影响风景道路网布局。

（4）区域公路网布局。区域公路网是地方主要交通运输通道。风景道路网不独立于既有公路网，存在对既有公路网的利用和提级改建。因此，区域公路网密度、技术等级以及公路可达性等发展变化，影响风景道路网布局。

（5）国土、自然及地理特征。国土面积、土地用途以及土地的可获得性和利用的高效性等，影响和限制风景道路网布局密度、规模和空间分布等。同时，风景道路网较一般公路网更加强调自然生态和环境环保，因此，自然生态、地理特征等环境因素，如地质稳定性、水源保护、林地防护、自然保护区的核心区和缓冲带分布等，影响和制约风景道路线走向和连通性等。

4.8 风景道路网与一般公路网比较

风景道路网不是孤立于既有公路网的一种独立路网。它首先是公路网，同时又优于、高于和复杂于一般公路网，是在一般公路网基础上，将交通、旅游、经济、服务等要素同步一体化考虑，为旅游功能而提升建造的一套景观路网，对一般公路网既有继承又有拓展和完善，两者的比较见表4-2所列。总的来看，风景道路网与一般公路网比较，相同点主要体现在以下三方面。

（1）部分节点类型相同。风景道路网继承了一般公路网的节点，即社会经济及交通节点。

（2）部分功能和特征相同。风景道路网继承了一般公路网基本的交通运输服务功能，以及基本的集合性、目的性、关联性和适应性特征。

（3）部分交通吸引和组成相同。风景道路网根植于一般公路网，也承担地方公路网的功能和作用，因此，地方社会经济往来、日常生活等为目的的一般交通出行也是风景道路网交通的组成部分。

风景道路网与一般公路网比较，差异主要体现在以下六方面。

（1）概念差异。公路网概念强调由传统的公路网节点和公路路线构成的有机集合；风景道路网概念强调以旅游功能为主的风景道路网节点和风景道路线连接形成有机集合，突出了旅游属性和特征。

（2）构成差异。风景道路网节点比一般公路网节点强化和拓展了旅游资源节点和旅游接待与服务设施节点。风景道路线根据旅游和交通功能差异，形成风景道主道、风景道集疏线和风景道连接线；公路路线根据交通功能分为干线公路、集散公路、地方公路。

（3）功能和特征差异。风景道路网是面向旅游大众的产品，强调满足游客的旅游需求，较一般公路网，在功能上，增加与强化了游憩服务、资源保护、景观生态、历史文化、经济拓展等功能；在特征上，更加突出体现了风景道路网自然景观的审美性、驾驶的旅游体验性。

（4）道路等级差异。公路网通常按照行政级别，或者依据道路交通行驶量、速度等技术指标来划分公路等级。风景道路网主要依据路线串联的旅游资源品质高低，以及交通集散能力强弱来划分风景道路线等级。风景道路网在建设实践中，因地制宜地采用技术指标，与一般公路在行政等级、技术等级方面具有关联性又有差别。

（5）部分交通吸引和组成差异。风景道路网较一般公路网，除了承担地方的一般交通出行功能，还叠加了以旅游为目的的旅游交通功能，旅游交通受旅游淡旺季影响呈现季节性变化。

表4-2 风景道路网与一般公路网比较

比较内容		公路网		风景道路网	
概念		城镇、大型工矿及农牧基地等,以及交通枢纽等运输点(视为公路网节点)和连接运输点的公路(公路路线)构成的有机集合		旅游属性、功能和特征显著的运输点(视为风景道路网节点)和连接这些运输点之间的道路(风景道路线)构成的有机集合	
构成	节点	社会经济及交通节点	行政类节点	社会经济及交通节点	行政类节点
			交通类节点		交通类节点
			经济类节点		经济类节点
		—		旅游资源节点	地文景观节点
					水域景观节点
					生物景观节点
					天象与气候景观观赏节点
					建筑与设施节点
					历史遗迹节点
					人文活动节点
				旅游接待与服务设施节点	餐饮设施节点
					住宿设施节点
					游憩娱乐设施节点
					购物设施节点

续表

比较内容		公路网		风景道路网	
构成	路线	按交通功能分类	干线公路	根据交通和旅游功能分类	风景道主道
			集散公路		风景道集疏线
			地方公路		风景道连接线
功能		社会及运输服务(社会联系;交通联系、流动、通畅、可达;道路安全,优质运输服务) 经济功能(促进人员、货物和服务的运输和流动,创造经济价值) 国防建设(满足国防和军事建设、防灾抗灾等需要) 生态维护(维护生态平衡、防止水土流失,保护环境)		交通运输(旅游及地方生产生活交通运输、联系与交通服务) 游憩服务(提供旅游产品、游憩活动、旅游体验机会等;提供"食住行游购娱"旅游服务) 资源保护(保护旅游资源,维护生态安全格局) 景观生态(景观审美;生态保护较一般公路网更严) 历史文化(展示、传承、保护历史文化、地方文脉) 经济拓展(增加旅游利润收入;辐射带动地区经济发展和脱贫致富)	
特征		集合性(公路运输点和公路路线构成的集合体) 目的性(为实现社会经济发展等目的而建设) 关联性(公路网节点与公路路线时空关联性、与地区外部环境关联性) 适应性(适应外部公路、交通、社会等的发展)		集合性(三类风景道路网节点与三类风景道路线构成的有机集合体) 目的性(为实现旅游、景观、生态、文化、经济等目的和功能而建设) 关联性(风景道路网节点与风景道路线的时空关联性;与既有公路网、外部环境等关联性) 适应性(宏观:适应国家政策环境;中观:适应地方社会经济发展;微观:适应国土、交通、旅游等发展) 审美性(自然、风景、人文、历史、路线线型的审美性) 体验性(愉悦舒适的自驾旅游体验性) 复合性(特殊公路网络与旅游目的地的属性复合;旅游、交通、景观、文化、生态、经济等功能复合;与既有公路网关系复合)	
道路新建/利用/提级改建		—		风景道主道	新建为主,也包括利用和提级改建既有公路
				风景道集疏线	利用高等级公路、提级改建既有公路为主,少量新建道路
				风景道连接线	利用较低等级公路、提级改建既有公路为主,少量新建道路
行政等级		国道、省道、县乡道、专用公路		风景道主道	国道、省道为主
				风景道集疏线	国道、省道为主
				风景道连接线	县道、乡道、专用公路为主

比较内容	公路网	风景道路网	
技术等级	高速公路、一级公路、二级公路、三级公路、四级公路	风景道主道	二级、三级公路为主,高速、一级公路为辅
		风景道集疏线	高速、一级、二级公路为主
		风景道连接线	四级公路为主
交通吸引与组成	地方社会经济、生产生活的出行交通为主	以旅游为目的的旅游交通以生产生活为主的地方交通	

第5章　基于节点重要度的风景道路网布局

在风景道路网理论构建基础上，分析传统公路网节点重要度法应用于风景道路网布局的局限性，并针对局限对方法进行改进，以指导风景道路网更合理地布局。

5.1　传统公路网节点重要度法分析

5.1.1　传统公路网节点重要度法

节点重要度法将公路网布局分解为路网节点选择和路网线路选择两部分。路网节点选择包括计算节点重要度和划分节点层次。

（1）计算节点重要度。节点重要度是"反映规划区域内各节点功能强弱的特征量或特征参数"[①]。由于区域内节点的社会经济发展水平、地理条件等差异，决定了不同节点在交通网络中的功能差异。功能强的节点，在交通网络中的地位重要，反之，则不重要或不太重要。因此，用节点重要度来表示和比较各节点之间的相对功能强弱和重要程度。

节点重要度是对节点社会经济活动的度量，定量描述了规划区域内各节点之间的相对重要性，是一个综合指标，受政治、经济、文化、国防等诸多因素影响。公路网主要服务于社会经济发展，因此，公路网节点通常是区域内具有重要政治、经济、商业、金融等功能且主导区域社会经济发展的节点，通常主要运用与交通密切相关的多个指标来综合评价节点的重要程度。根据我国实际，通常选取人口、产值、商品零售额或社会物资总量等指标作为路网节点的定量分析标准。

节点重要度定义如下：

$$Z_i = (\partial_1 \frac{R_i}{R_\partial} + \partial_2 \frac{G_i}{G_\partial} + \partial_3 \frac{S_i}{S_\partial}) \times 100\% \tag{5-1}$$

式中：Z_i——节点 i 的重要度；

R_i——第 i 节点的人口（万人）；

R_∂——区域内各节点的人口平均值（万人）；

G_i——第 i 节点的工业总产值（亿元）；

G_∂——区域内各节点的工业总产值平均值（亿元）；

S_i——第 i 节点的社会物资产耗总量或商品零售额（万元）；

---

①张生瑞，周伟.公路网规划理论与方法[M].北京：中国铁道出版社，2009：35.

S_∂——区域内各节点的社会物资产耗总量或商品零售额平均值（万元）；

∂_1、∂_2、∂_3——分别为人口、工业总产值、社会物资产耗总量或商品零售额三项指标的权重。

（2）划分节点层次。经过计算，按照节点重要度大小对节点进行排序。结合功能相似等原则，将节点划分为具有不同功能和地位的几个层次。通常采用重要度法、聚类分析法或通过设定一定节点选取保证率下的阈值，结合规划区实际情况进行定性分析，将节点分层，形成各层次路线布局的主要控制点，以主次分明、层次清楚地进行公路网布局设计。

路网选择。传统公路网节点重要度法在研究节点间连线，形成路网时，是基于节点重要度，建立节点间连线重要度模型，即路段重要度，同时采用最优树法，通过逐层展开布局，将路段依据路段重要度大小依次纳入路网，得到路网重要度最大的最优树路网。最后再结合规划目标、现实情况等，对布局设计进行调整，最终得到合理的布局方案，完成点、线、网的布局过程。

5.1.2　方法局限

由于风景道路网与一般公路网在节点构成、路线功能与特征等方面存在差异，导致传统公路网节点重要度法应用于风景道路网布局时，具有一定局限性。主要体现在以下几个方面。

（1）节点重要度模型的局限。风景道路网节点较传统公路网节点，属性类别进行了扩展，新增加了旅游资源节点和旅游接待与服务设施节点。传统公路网节点重要度模型侧重对节点社会经济活动的度量，缺乏对节点旅游资源重要性、旅游接待与服务设施重要性的度量且模型仅考虑了指标权重。因而，传统公路网节点重要度模型无法全面地反映风景道路网节点特征、功能强弱和重要程度大小。

（2）节点分层的局限。风景道路网节点层次与节点重要度大小、节点属性类别以及三类风景道路线等级等紧密相关。传统公路网节点分层通常只考虑节点重要度大小，按照数值大小进行排序和分层，反映的是节点之间的经济联系紧密程度，只能得到节点连线的通道，无法体现风景道路网节点属性类别与风景道路线等级的相关性以及风景道路线的功能特征等。

（3）路网布局的局限。传统公路网节点重要度法在进行路线连接形成路网时，通常采用最优树法，逐层求解路线重要度最优树。由于逐层展开，依次将路段按照重要度大小纳入路网，通常会由于某些节点重要度足够大，造成重要度大的路段均与这些节点相关，导致路网最优树在这些节点处形成大量放射线，较不符合实际路网按路途远近逐步连接的布局方式。

5.1.3　方法改进

针对传统公路网节点重要度法应用于风景道路网布局时，在节点重要度模型、节点分层和路网布局三方面的局限，对传统方法进行改进，以指导风景道路网更合理布局。

节点重要度模型的改进。根据风景道路网节点属性类别，在继承传统公路网节点重要度指标基础上，增加体现节点旅游资源属性和旅游接待与服务设施属性的重要度指标；分析不同属性类别节点之间的相对重要程度，即权重；考虑风景道路网节点的组合特征，以此来改进传统公路网节点重要度模型，构建风景道路网节点重要度模型。

节点层次划分的改进。统筹考虑风景道路网节点属性类别与风景道路线类型和等级的相关性，在此基础上，结合节点重要度大小进行排序，划分风景道路网节点层次。

路网布局的改进。针对传统的逐层求解路线重要度最优树时，从重要节点到一般节点形成大量放射线的问题，引入空间连通圆，对布局方法进行改进，使风景道路网布局更加符合实际路网几何特征。

5.2 风景道路网节点重要度计算方法构建

5.2.1 风景道路网节点重要度指标分析

风景道路网节点分为社会经济及交通节点、旅游资源节点和旅游接待与服务设施节点。不同属性类别的节点，在风景道路网中所表现出来的功能强弱和地位高低是有差异的，且体现各属性类别节点特征、功能强弱和地位高低的因素也是不相同的。因此，分别采用不同的指标来计算各属性类别节点的重要度，建立风景道路网节点重要度指标体系。

风景道路网节点重要度指标体系包含目标层、属性层、类别层、指标层和因子层。目标层是"风景道路网节点重要度指标体系"；属性层是风景道路网三种属性类别节点；类别层是各属性类别节点所包含的具体亚类节点类型；指标层是计算各属性类别节点重要度可选的主要指标类型，且每个指标类型根据特性又有不同的具体指标可选，即为因子层，见表5-1所列。

表5-1　风景道路网节点重要度指标体系

目标层	属性层	类别层	指标层	因子层	计算方法
风景道路网节点重要度指标体系	社会经济及交通节点	行政类节点、交通类节点、经济类节点	人口	人口数、年末人口、常住人口、现有人口、户籍人口、市镇人口、乡村人口、农业人口、年平均人数等	统计数据
			产业	工业总产值、农业总产值等	统计数据
			商业	社会消费品零售总额、商品销售总额、商品销售收入、商业利润总额、商业增加值等	统计数据
			经济总量	GDP、地方财政收入、固定资产投资总额、财政支出等	统计数据

目标层	属性层	类别层	指标层	因子层	计算方法
风景道路网节点重要度指标体系	社会经济及交通节点	行政类节点、交通类节点、经济类节点	生活质量	居民平均收入、农村居民人均纯收入、城镇人均可支配收入、在岗职工平均工资、人均居住面积、恩格尔系数等	统计数据
			交通运输	客运总量、货运总量、公路总里程等	统计数据
	旅游资源节点	地文景观节点、水域景观节点、生物景观节点、天象与气候景观观赏节点、建筑与设施节点、历史遗迹节点、人文活动节点	资源价值	资源要素价值、资源影响力、附加值	分两类：①已被认定的根据现有认定级别直接赋值；②未被认定的根据指标进行专家打分
	旅游接待与服务设施节点	餐饮设施节点、住宿设施节点、游憩娱乐设施节点、购物设施节点	旅游人数	旅游总人数、国内旅游人数、入境旅游人数、入境过夜旅游者人数、主要客源国入境旅游者人数等	统计数据
			旅游收入	旅游总收入、国内旅游收入、国际旅游收入（也称旅游外汇收入）等	统计数据
			旅游消费	旅游者消费总额、旅游者人均消费额等	统计数据
			旅游产业	旅游固定资产原值、旅游直接从业人员、旅游间接从业人员、设施（星级饭店等）的规模和经营数据	统计数据
			等级	评定级别	根据认定级别直接赋值

（1）社会经济及交通节点重要度指标

传统公路网节点重要度是反映规划区域内传统公路网节点的区域政治、经济、商业、金融等综合功能强弱的特征量或特征参数。由于风景道路网的社会经济及交通节点是继承于传统公路网，因此，直接使用传统公路网节点重要度指标进行计算。根据我国实际，传统公路网节点重要度指标通常主要选用人口、产业、商业、经济总量、生活质量、交通运输等指标。实际应用中，根据规划区统计数据情况，因地制宜灵活选取指标。

①人口。人口指标反映了区域活动机能。人口数量多少体现了一个地区人力资源的规

模大小和活动水平高低，以及社会发展的活力和潜力。常用的人口指标主要包括：人口数、年末人口、常住人口、现有人口、户籍人口、市镇人口、乡村人口、农业人口和年平均人数等。指标数据通过统计获取。

②产业。产业指标反映了区域产业机能和区域经济结构。常用的产业指标主要包括：工业总产值、农业总产值和第三产业总产值等。指标数据通过统计获取。

③商业。商业指标反映了区域商业活力和商业功能。常用的商业指标主要包括：社会消费品零售总额、商品销售总额、商品销售收入、商业利润总额和商业增加值等。指标数据通过统计获取。

④经济总量。经济总量指标反映了区域经济社会发展总体水平和总体经济实力。常用的反映经济社会发展状况的经济总量指标较多，主要包括：GDP、地方财政收入、固定资产投资总额和财政支出等。指标数据通过统计获取。

⑤生活质量。生活质量指标反映了区域社会发展实力和经济发展状况以及民众生活条件和生活水平。常用的生活质量指标主要包括：居民平均收入、农村居民人均纯收入、城镇人均可支配收入、在岗职工平均工资、人均居住面积和恩格尔系数等。指标数据通过统计获取。

⑥交通运输。交通运输指标反映了区域的交通运输发展水平。常用的交通运输指标包括：客运总量、货运总量和公路总里程等。指标数据通过统计获取。

（2）旅游资源节点重要度指标

旅游资源节点重要度是旅游资源节点在风景道路网上旅游价值大小和旅游吸引力强弱的度量，是描述规划区域内旅游资源节点在风景道路网中所处地位重要程度相对大小的一个定量的指标。

风景道路网旅游资源节点重要度，通过评价旅游资源价值进行计分。根据旅游资源节点是否被国家相关组织或机构评定等级，分两种情况进行评价：对于未评定等级称号的，根据国家标准《旅游资源分类、调查与评价》（GB/T 18972—2017），由专家进行评价打分；对于已评定等级称号的，可直接根据现有认定的级别进行赋值，等级区间赋值标准。详见第3章"旅游资源分类与评价"部分。

（3）旅游接待与服务设施节点重要度指标

旅游接待与服务设施节点重要度是衡量旅游接待与服务设施节点在风景道路网中所处地位重要程度相对大小的一个定量的指标。由于旅游对经济最直接的影响主要发生在住宿、餐饮、交通、娱乐、购物等旅游部分，旅游接待与服务设施节点主要提供"食住行游购娱"等游憩活动、游憩服务、旅游产品，以旅游消费和旅游经济活动及现象为主。因此，衡量风景道路网旅游接待与服务设施节点重要度，可采用衡量旅游经济水平高低的统计指标。根据我国旅游业年度统计公报，衡量风景道路网旅游接待与服务设施节点重要度的统计指标可主要采用旅游人数、旅游收入、旅游消费和旅游产业等。此外，旅游接待与服务设施节点的评定等级，在缺少统计数据的情况下，也可作为重要度的衡量指标。实际应用中，根据规划区数据统计情况，因地制宜灵活选取指标。

旅游人数。旅游人数指标反映了旅游需求的总规模和水平，体现了旅游规模大小以及对游客的旅游吸引力大小。旅游接待与服务设施节点的旅游人数指标主要包括：旅游总人数、国内旅游人数、入境旅游人数、入境过夜旅游者人数和主要客源国入境旅游者人数等。指标数据通过统计获取。

旅游收入。旅游收入指标反映了旅游总体规模、发展水平、旅游经济活动成果，是一项重要的综合性指标。旅游接待与服务设施节点的旅游收入指标主要包括：旅游总收入、国内旅游收入和国际旅游收入（也称旅游外汇收入）等。指标数据通过统计获取。

旅游消费。旅游消费指标是以价值形态来衡量旅游需求的一项综合性指标，反映了旅游地的旅游收入，具有重要的经济意义。旅游接待与服务设施节点的旅游消费指标主要包括：旅游者消费总额、旅游者人均消费额和旅游消费率等。指标数据通过统计获取。

旅游产业。旅游产业指标反映了旅游产业规模大小和旅游经济发展水平。旅游接待与服务设施节点的旅游产业指标主要包括：旅游固定资产原值、旅游直接从业人员、旅游间接从业人员和设施（星级饭店等）的规模和经营数据等。指标数据通过统计获取。

等级。等级指标是一项综合体现旅游接待与服务设施功能强弱和地位高低的指标，通常依据行业标准进行评定。目前，主要针对旅游饭店（酒店等）、营地、服务区和驿站提出了等级评定标准。对于已评定等级的，可直接根据现有认定的级别进行赋值。

5.2.2　风景道路网节点权重分析

（1）权重的分类和定义

风景道路网节点权重包括两类，即类别权重和指标权重。

类别权重。类别权重是指风景道路网节点的属性类别权重，即社会经济及交通节点、旅游资源节点和旅游接待与服务设施节点三种属性之间的相对重要程度。风景道路网三种属性类别节点主要由不同类型和等级的风景道路线连接，对风景道路网的整体功能、作用的贡献程度也不相同，因而在风景道路网上具有不同层级以及不同的全局重要性。因此，风景道路网节点具有不同的属性类别权重。

指标权重。指标权重是指计算风景道路网节点重要度的指标的权重。风景道路网三种属性类别节点分别采用不同的指标来计算节点重要度，不同指标之间具有不同的相对重要程度，即权重。因此，风景道路网节点重要度指标具有不同权重。

（2）权重确定方法

目前，确定权重的方法主要有主观赋权法和客观赋权法。主观赋权法主要依靠专家知识结构，适用于数据收集困难和信息不能准确量化的评价；客观赋权法主要依赖于客观存在的历史数据，虽然理论性较强，但客观赋权法忽略了各指标属性的含义，且历史数据的可获得性以及准确性难以判断。而计算风景道路网节点重要度需要确定的两类权重,即类别权重和指标权重,其数据包括定性指标数据和定量指标数据。若数据量化程度较低,那么数据之间较难建立内在逻辑联系和规律。因此,本书采用主观赋权法来确定风景道路网节点重要度的类别权重和指标权重。

主观赋权法中的层次分析法(AHP)是常用来确定传统公路网节点重要度指标权重的方法。但传统层次分析法中,由于专家的知识结构、经验水平以及对评价对象的熟悉程度不同,对权重大小判断的影响程度也不相同。因此,本书在传统层次分析法的基础上,考虑专家差异,构造基于专家可信度的层次分析法来优化对权重的确定。

①专家可信度模型

专家的可信度是指专家能够客观、准确地评价对象的程度。主要从学历、从事行业、判断依据、熟悉程度和自信度五个方面,建立专家可信度分析表,来评估专家可信度。

假设决策专家组成员有 n 位专家,根据专家填写的可信度分析表,建立决策专家组可信度指标矩阵 Q。即 $Q = (q_{tj})_{n \times 5}$。$q_{tj}$ 代表第 t($t = 1, 2, \cdots, n$)位专家的第 j($j = 1, 2, \cdots, 5$)个可信度指标的可信分值。

定义第 t 位专家的得分 Q_t,即

$$Q_t = \prod_{j=1}^{5} q_{tj} \tag{5-2}$$

第 t 位专家的可信度 r_t,即

$$r_t = Q_t / \sum_{t=1}^{n} Q_t \tag{5-3}$$

于是,专家组可信度向量表示为 $R = (r_1, \ r_2, \ \cdots, \ r_n)$。

②传统 AHP 计算权重

AHP 是将决策目标分解成目标层、准则层和要素层等,然后由专家进行定量分析后,根据公式计算得出的。AHP 首先确定对某对象进行综合评价的指标集 A(含有 m 个指标),邀请 n 位专家分别对指标集 A 的元素进行两两比较,采用 1—9 标度法对两两比较的重要程度赋值,得到若干个判断矩阵。然后计算专家 t 对指标集 A 确定的判断矩阵 A_t 的最大特征值 λ_t max 及其对应的特征向量 W_t,并进行层次单排序及层次总排序的一致性检验,通过检验后,则判断矩阵 A_t 的特征向量(权向量)为 $W_t = (w_{t1}, w_{t2}, \cdots, w_{tm})^{\mathrm{T}}$。于是,构造专家组对指标集 A 的权重矩阵 $U = (u_1, u_2, \cdots, u_n)^{\mathrm{T}}$,$u_t = W_t^{\mathrm{T}}$。

③基于专家可信度的 AHP 权重

根据 AHP 计算得到专家组对指标集 A 的权重的原始数值,考虑 n 位专家组的专家可信度,对原始权重进行修正即为指标集 A 的最终权重。

$$S_A = R \cdot U \tag{5-4}$$

其中,R 是确定的专家组可信度向量,U 是确定的 n 位专家组权重矩阵。

5.2.3　风景道路网节点重要度模型

根据风景道路网节点重要度指标体系、风景道路网节点类别权重和指标权重以及风景道路网节点组合特征，形成单一型（看作一项组合）、两项组合和三项组合，统称为组合节点。由此，构建风景道路网节点重要度模型，即组合节点重要度模型，所求的风景道路网节点重要度，即组合节点重要度。

定义如下：

$$Z_i = k_{\lambda i} \cdot \lambda \cdot \sum_{j=1}^{m} a_j \frac{A_{ij}}{\overline{A}_j} + k_{\gamma i} \cdot \gamma \cdot \frac{B_{ij}}{\overline{B}_j} + k_{\delta i} \cdot \delta \cdot \sum_{j=1}^{n} c_j \frac{C_{ij}}{\overline{C}_j} \tag{5-5}$$

式中：Z_i——风景道路网组合节点 i 的重要度；

A_{ij}——风景道路网组合节点 i 的第 j 项社会经济及交通节点重要度指标值。j=1，2，3，…，m，m 为筛选出来的计算社会经济及交通节点重要度的指标个数，在实际应用中，根据资料获取等情况，因地制宜地选择人口数、GDP等，具体见表5-1；

$\overline{A}_j$——风景道路网第 j 项社会经济及交通节点重要度指标的平均值；

a_j——风景道路网第 j 项社会经济及交通节点重要度指标的权重；

λ——风景道路网社会经济及交通节点属性类别权重；

$$k_{\lambda i} = \begin{cases} 1，风景道路网组合节点 i 具有社会经济及交通节点属性 \\ 0，风景道路网组合节点 i 不具有社会经济及交通节点属性 \end{cases}$$

B_{ij}——风景道路网组合节点 i 的第 j 项旅游资源价值评价值；

$\overline{B}_j$——风景道路网旅游资源节点第 j 项旅游资源价值评价的平均值；

γ——风景道路网旅游资源节点属性类别权重；

$$k_{\gamma i} = \begin{cases} 1，风景道路网组合节点 i 具有旅游资源节点属性 \\ 0，风景道路网组合节点 i 不具有旅游资源节点属性 \end{cases}$$

C_{ij}——风景道路网组合节点 i 的第 j 项旅游接待与服务设施节点重要度指标值。j=1，2，3，…，n，n 为筛选出来的计算旅游接待与服务设施节点重要度的指标个数，在实际应用中，根据资料获取等情况，因地制宜地选择旅游人数、旅游收入等指标，具体见表5-1；

$\overline{C}_j$——风景道路网第 j 项旅游接待与服务设施节点重要度指标的平均值；

c_j——风景道路网第 j 项旅游接待与服务设施节点重要度指标的权重；

δ——风景道路网旅游接待与服务设施节点属性类别权重；

$$k_{\delta i} = \begin{cases} 1，风景道路网组合节点 i 具有旅游接待与服务设施节点属性 \\ 0，风景道路网组合节点 i 不具有旅游接待与服务设施节点属性 \end{cases}$$

$\lambda + \gamma + \delta = 1$。

5.3 基于节点重要度的风景道路网布局

5.3.1 节点分层

风景道路网节点层次划分，需要统筹节点属性类别与风景道路线类型和等级的相关性，以及节点重要度大小（即计算的组合节点重要度）。

第一层：风景道主道连接节点

风景道主道主要连接旅游资源品质较高的风景道路网节点，包括单一型（看作一项组合）、两项组合和三项组合，共四类，分别是：

单一型（看作一项组合）有一类，即单一的旅游资源节点。

两项组合有两类，包括旅游资源节点与社会经济及交通节点的组合、旅游资源节点与旅游接待与服务设施节点的组合。

三项组合有一类，即社会经济及交通节点、旅游资源节点与旅游接待与服务设施节点的组合。

将以上四类含有旅游资源的组合节点，根据节点重要度大小进行排序，并划分为"重要"和"一般"两个层次。将重要的组合节点通过风景道主道连接，一般的组合节点由风景道集疏线或风景道连接线连接。

第二层：风景道集疏线连接节点

风景道集疏线主要对接周边交通路网，成为风景道主道外向拓展的"通道型"道路。因此，风景道集疏线主要连接重要的社会经济及交通节点、旅游接待与服务设施节点，包括单一型（看作一项组合）、两项组合和三项组合，共六类，分别是：

单一项（看作一项组合）有两类，包括单一的社会经济及交通节点和单一的旅游接待与服务设施节点。

两项组合有三类，包括社会经济及交通节点与旅游资源节点的组合、社会经济及交通节点与旅游接待与服务设施节点的组合、旅游接待与服务设施节点与旅游资源节点的组合。

三项组合有一类，即社会经济及交通节点、旅游资源节点、旅游接待与服务设施节点的组合。

将以上六类含有社会经济及交通节点或旅游接待与服务设施节点的组合节点，根据节点重要度大小进行排序，并划分为"重要"和"一般"两个层次。将重要的组合节点通过风景道集疏线连接，一般的组合节点由风景道连接线连接。同时，已经由风景道主道连接的组合节点，不再重复连接。

第三层：风景道连接线连接节点

风景道连接线是完善路网网络结构，扩大风景道路网旅游、服务、经济等影响和覆盖范围的联网道路，主要连接重要性较低的风景道路网节点，包括重要性为"一般"，以及尚未被风景道主道、风景道集疏线连接的节点。风景道路网全部七类组合节点中,重要度较低的,则均可由风景道连接线连接。

5.3.2　路网布局

风景道路网布局分两个层次进行,分别是理论布局方案设计和对理论布局方案优化调整。

（1）风景道路网理论布局方案设计

将风景道路段重要度、空间连通圆和图论最小树理论相结合,进行风景道路网布局。风景道路段重要度的引入,使大部分路段的连接与布设得到理论说明;空间连通圆的引入,解决了从优势节点到一般节点,存在大量放射线的问题,使线路走向与实际情况更贴近,结合空间连通圆计算路网最优树,较传统方法计算所得的路网最优树,在区域路网空间形态、连通节点个数、连通度、路网密度等方面,改进效果明显;图论最小树理论为将实际风景道路网抽象为网络图,并计算风景道路网最优树,提供了成熟、直观、简便、易行的理论方法支撑。

①风景道路段重要度

风景道路段重要度反映了该路段在风景道路网中的旅游吸引强弱,以及功能大小和地位高低。

风景道路段重要度数值关系定义如下:

$$IN_{ij} = \frac{Z_i \cdot Z_j}{L_{ij}} \tag{5-6}$$

式中:　IN_{ij}——风景道路网组合节点i与j之间的路段重要度;

Z_i——风景道路网组合节点i的重要度;

Z_j——风景道路网组合节点j的重要度;

L_{ij}——风景道路网组合节点i与j之间的距离,单位:km。

②空间连通圆

空间连通圆是指在计算路网最优树时,以要纳入最优树的路段为直径作圆。空间连通圆用来判断和选择最终连入路网最优树的路段。具体应用方法,如图5-1所示。

A.计算并选择。计算路段重要度并排序,选择将要连入路网最优树的路段。本例中,假设为路段1-2。

B.作圆并检查。以路段1-2为直径作虚线圆,检查圆内是否有其他节点。若无其他节点,则结束空间连通圆计算,将路段1-2连入路网最优树。若有其他节点,则继续进行下一步计算。

C.比较并连接。比较圆内其他节点重要度,选择重要度较大的节点优先进行连接。

假设此时圆内有节点3和4，且节点3的重要度更大，则以3为中转点连接路段1-3和路段2-3，同时删除路段1-2。

D. 重复操作。分别对新形成的路段重复上述空间连通圆运算，直至以路段为直径的圆内不再有其他节点。此时，连接的路段为最终构成路网最优树的路段。本例中，对新路段1-3和2-3重复上述步骤，形成路段3-4和2-4后，检查空间连通圆内不再有其他节点，结束计算。最终连入路网最优树的路段为1-3-4-2，替换了原路段1-2。

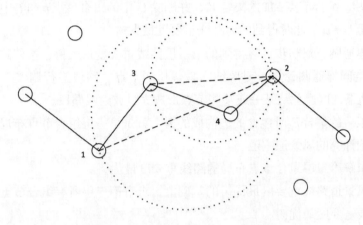

图5-1 空间连通圆应用方法示意图

③逐层求解风景道路线重要度最优树

根据图论最小树理论，采用Prim算法，结合空间连通圆，逐层求解风景道路线重要度最优树，最终得到风景道路网最优树。

求解风景道路网最优树的思路为：在对风景道路网组合节点进行层次划分的基础上，采用Prim算法求出第一层组合节点布局的路线重要度最大树后，考虑空间连通圆对该层节点连通的影响，对求得的路线重要度最大树按照路段重要度从大到小依次进行空间连通圆检验，最终形成第一层次路线重要度最优树；在此基础上，重复以上操作，求出第二层次组合节点布局的路线重要度最优树；依次类推，直至完成第三层路线重要度最优树布局。最终，通过逐层展开布局、逐层求解风景道路线重要度最优树，得到风景道路网最优树，从而构成基础的风景道路网骨架。

求解主要包括以下几个步骤。

将风景道路网抽象为网络图。令图$G_i=(V_i, E_i)$为第i层风景道路线重要度最优树的网络无向连通图，V_i、E_i分别为构成第i层风景道路线重要度最优树的所有组合节点集合，以及所有边的集合，且V_i、E_i初始值设置为ϕ。

同时，设置两个集合U_i和T_i。U_i为风景道路网节点分层后，第i层所包含的所有组合节点集合；T_i用于放置第i层重要度最优树生成过程中所产生的全部带权边的集合，其边权即为路段重要度。

第一步，初始化。

将风景道路网组合节点划分为三个层次，形成三个组合节点集合 U_1、U_2、U_3。求解 U_1 中所有组合节点产生的带权边，并存放于 T_1。任取 U_1 中某一组合节点 a 存放于集合 V_1，并删除 U_1 中的组合节点 a。

第二步，求解第一层组合节点布局的路线重要度最优树。

选取集合 T_1 中，组合节点分别位于集合 V_1 和 U_1 的边权最大的边，令此时为边 e_{ab}。将边 e_{ab} 加入集合 E_1，组合节点 b 加入集合 V_1，并删除 U_1 中的组合节点 b 和 T_1 中的边 e_{ab}。如此循环求解，直至 $U_1 = \phi$，此时得到的为路线重要度最大树。

根据空间连通圆，对初步计算得到的第一层路线重要度最大树，按照路段重要度从大到小依次进行空间连通圆计算，对要纳入最优树的节点、路段进行调整，并相应地修正 E_1、修正路线结果，以避免从某一或某些节点形成大量放射线路段。

最终，修正后的集合 E_1 所包含的边构成的树，就是第一层组合节点布局的路线重要度最优树，是理论计算的风景道主道。

第三步，求解第二层组合节点布局的路线重要度最优树。

在第一层风景道路线重要度最优树的基础上，求解第二层所有组合节点加边连线后得到的风景道路线重要度最优树。

在集合 T_2 中，生成由集合 U_2，以及 U_2 与 V_1 之间的所有组合节点之间的带权边。在集合 U_2 中任取一组合节点 c 存放于集合 V_2，删除集合 U_2 中的组合节点 c。选取集合 T_2 中，节点分别位于集合 V_2 和 $V_1 \cup V_2$ 的边权最大的边，将该边加入集合 E_2，然后，继续依据第二步中的求解步骤和过程，进行比较、计算，以及空间连通圆检验和修正，直至得到第二层组合节点布局的路线重要度最优树，是修正后的集合 E_2 所包含的边构成的树，是理论计算的风景道路线集疏线。

第四步，求解第三层组合节点布局的路线重要度最优树。

再重复以上步骤，直至集合 U_3 里第三层所有组合节点已经匹配。此时，修正后的集合 E_3 所包含的边构成的树，是在第一层和第二层风景道路线重要度最优树基础上，求解的第三层组合节点布局的风景道路线重要度最优树，即风景道连接线理论布局。

综上所述，由集合 E_1、E_2、E_3 中所包含的边构成的树，就是所求的风景道路网最优树，是风景道路网骨架，也是风景道路网最优理论布局方案。剩余的 T_i 可作为风景道路网布局优化调整的备选连接路段。

（2）风景道路网理论布局方案调整

通过上述方法得到的风景道路网，是通过模型计算得出的理论最优布局，是理想化的。在此基础上，要结合一定目标、约束条件和现实具体情况等进行优化调整，使风景道路网从树状向网状扩张，最终得到更加符合实际、效益更佳、更合理的风景道主道、风景道集疏线和风景道连接线布局方案。通常而言，对风景道路网理论布局方案进行调整，有以下做法：

一是要统筹与既有公路网的关联性,将风景道路网理论布局方案与既有公路网布局进行叠加和比较分析,找出在设计方向上的既有公路路线以及既有公路路线的等级等,结合对风景道路线功能、特征等的分析进行优化。

二是完善环状、网状路网结构。风景道路网理论布局方案主要为树状路网结构。虽然由于资源地理分布、地形阻隔等,树状路网结构能较好地将零散的风景道路网节点进行连接,但考虑到提高风景道路网节点的交通可达性,减少"断头路"和旅游"回头路",应在树状路网结构基础上增补连接线,使风景道路网从树状向环状、网状发展。

三是考虑生态环境的局部路线调整。对于生态环境敏感区,连接这些区域的风景道路线,或者风景道路线布局穿越这些区域时,需要绕行,或者降低风景道路线建设等级标准,对局部路线进行调整。

四是重视统筹协调发展的布局调整。风景道路网布局在实现旅游发展这一核心功能的基础上,也要尽可能地满足社会经济发展的运输要求。从提高社会经济系统运作效率和实现整个社会公平发展的视角,考虑建设效益,就近调整路线,使每一条风景道路线尽可能多地覆盖途经区域内的城镇、厂矿、农业等节点,切实带动地方经济发展。

第6章 基于节点重要度的乌江风景道路网布局研究

6.1 研究区概况

乌江是贵州第一大河。是贵州与外界联系的黄金水道，是融入长江经济带的桥头堡，也是乌江两岸民生民俗的历史文化廊道。而今，乘国家、地方发展之势，将乌江生态、文化、历史等与旅游产业有机融合，开发旅游产品，建设乌江绿色生态廊道网络（简称"乌江风景道路网"），具有创新性和可操作性。

研究区位于贵州省东北部的重要城市铜仁市，地处黔湘渝交汇处的武陵山区腹地，东临湘楚，北接重庆，西连遵义，南靠黔东南，既是连接贵州中部地区与长江中下游经济走廊的重要门户，也是中南地区和西南边陲的纽带，享有贵州"东大门"之称，具有显著的战略意义和经济意义。

研究区资源区位优势明显，周围世界遗产资源富集，与湖南张家界世界自然遗产、湖南老司城世界文化遗产、重庆武隆喀斯特世界自然遗产，以及贵州梵净山世界自然遗产等多处世界遗产地同辉。

研究区以乌江水道为轴线，全长约337千米，辐射水道两侧15～20千米范围。从上游到下游途经石阡县、思南县、德江县和沿河县四县。其中，石阡段约45千米；思南段约80千米；德江段约50千米；沿河段约180千米。总面积1万多平方千米，辐射超过37个乡镇（街道）。

6.2 发展条件分析

6.2.1 自然条件

生态。研究区生态良好，山川秀丽，具有山青、水净、天蓝、地洁、气鲜的特点。空气质量达到《环境空气质量标准》（GB 3095—2012）的二级标准，空气质量优良天数比例达到96.7%。铜仁市在贵州省9个中心城市环境空气质量排序第一，其中，沿河、思南两县，在贵州省88个县空气质量（市区）排序中，位列前两位。主要河流水质为优，Ⅰ～Ⅲ类水质断面比例为100%，集中式饮用水源水质达标率超过97%。城市区域声环境质量评价等级为较好。农村土壤质量达标率达到66%。

气候。研究区属中亚热带季风气候区，气候立体分布特征明显，具有春夏较长，秋冬较短，夏热冬寒，炎热区、温凉区兼备，四季分明等特点。年平均气温15～17℃，最冷月为1月，平均气温在2～6℃，最热月为7月，平均气温24～28℃。雨水充沛，年平均降雨量为1 100～1 300 mm，集中于4～8月，占全年降雨量的60%～65%，东部为降水高值区，西部为降水低值区。一般风速较小，静风较多，年平均风速最大为2.3 m/s，3月和7月平均风速最大；10月、12月平均风速最小。雨热同期，光温同步。年均日照时数约为1 100小时；无霜期约290天；相对湿度约80%。

地质地貌。研究区地处云贵高原东侧的梯级状大斜坡上，是云贵高原东部边缘斜坡及四川盆地和湘西丘陵的过渡地带，形成西高东低，中部高，四周低，武陵山脉纵贯本区中部的地形。地质构造属扬子准地台南缘，二级构造单元由东向西可分为江南台隆和上扬子台褶带，出露地层主要有寒武系、奥陶系、志留系和二叠系地层等。地貌以山地、丘陵、坝子等为主，喀斯特地貌发育典型，地势高低悬殊，垂直分异明显，表土层薄，山多地少，生态脆弱。乌江流域，沿岸地貌为岩溶山原，山高谷深，相对高差可达600～800米。

水文。研究区河流均属亚热带雨源型河流。河源地势高，落差大，溪河多，河网密度为0.2～0.25千米/平方千米。长10千米，流域面积20平方千米以上的河流有22条。河流水系主要为沅江水系和乌江水系。东部的沅江水系有锦江、松桃河、车坝河、舞阳河；西部乌江水系有六池河、石阡河、印江河、马蹄河、坝坨河及洪渡河。研究区乌江干流全长约350公里，流经石阡县、思南县、德江县、沿河县，进入重庆境内，最终汇入长江。境内乌江段目前已全段通航，为四级航道。境内河流均属山区雨源型，由降水补给形成地表径流。

动植物。研究区内生物多样性极其丰富。植物资源主要有森林、草丛、药用植物、农作物品种和果树品种植物5大类。其中，森林覆盖率高，为24.7%左右，以用材林和经济林为主，薪炭林、防护林、竹林、特用林所占比重较小。草种资源主要有6大类，共计160种天然牧草。药用植物500种以上，高等药用植物有100科，227属，413种。农作植物以粮食、油料、蔬菜以及其他经济作物为主，共计812个地方品种。果树品种植物以柑橘、橙、柚、桃、李、梨等为主。动物资源主要有畜禽、水生动物、野生动物3大类。其中，畜禽品种以家畜家禽为主；水生动物资源以鱼类最广；野生动物达400多种，属国家保护的珍稀动物种类较多，如国家一级重点保护野生动物黔金丝猴、白冠长尾雉、黑叶猴；国家二级重点保护野生动物熊猴、红面猴、鸳鸯、红腹角雉和红腹锦鸡等。

6.2.2 旅游资源条件

研究区境内旅游资源丰富多样。从旅游资源丰富度来看，旅游资源类型多样、齐全。根据《旅游资源分类、调查与评价》（GB/T 18972—2017），研究区旅游资源涵盖国标中8大主类，20个亚类，52个基本类型。从旅游资源结构来看，自然旅游资源与人文资源丰富，组合度好，特色突出且差异明显，具有世界级吸引力。从旅游资源品质来看，国家级和3A级及以上高品质旅游资源较多。总的来看，研究区旅游资源主要分为自然旅游资源、历史文化旅游资源、民族民俗旅游资源、红色旅游资源、田园景观旅游资源等。

自然旅游资源。自然旅游资源以乌江水域和峡谷景观为核心，乌江画廊风光旖旎，乌江峡谷险峻奇绝，展现了高峡出平湖的乌江磅礴山水画卷。国家级和3A级及以上高品质旅游资源较多。国家级资源共有10处，包括1个国家自然保护区，3个国家级风景名胜区、3个国家湿地公园、2个国家水利风景区、1个国家地质公园，以及大量国家传统村落和国家重点文物保护单位；3A级及以上旅游资源共有9处，其中4A级旅游资源有3处，3A级旅游资源有6处。如图6-1所示。

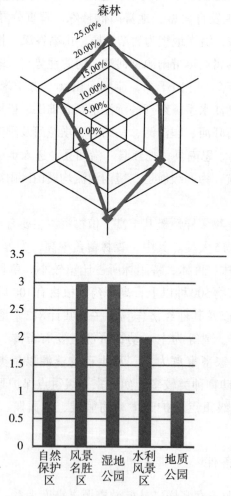

图6-1　研究区高品质自然旅游资源统计

历史文化旅游资源。多元厚重的历史文化主要包括乌江文化、纤夫文化、河道文化、古城文化等。其中，乌江文化伴随着铜仁乌江流域的历史发展，体现了历史上长江流域华夏地区的汉族和其周边少数民族部族碰撞、交流、融合的历史。纤夫文化是乌江纤夫与严酷自然环境抗争的纤夫精神，与水相伴、与水为生的传统生产生活方式的写照与缩影。河道文化，以乌江沿岸遗存的古码头、古纤道等为主，如潮砥码头、洪渡码头等，有100余处，诉说着曾经荣极一时的水路运输方式。古城文化，包括乌江两岸遗留的古城、古镇、古寨等，古建筑、传统村落、名人故居等遗址遗迹众多，如思唐古建筑群、淇滩古镇等，历史文化底蕴深厚。

民族民俗旅游资源。原生态民族民俗文化独具特色。研究区内有土家族、苗族、侗族、汉族等多个民族，形成了丰富多彩的民俗风情文化，如乌江船工号子、土家族哭嫁歌等民间音乐；打溜子、摆手舞、莲花十八响等民间舞蹈；土家赶年节、上元沙洲节等岁时节令；祭白虎、甩神节等民间信仰；花灯戏、傩坛戏等戏曲曲艺；针织挑花刺绣、木石雕刻、藤竹编织等民间手工艺；土家吊脚楼等建筑；绿豆粉、花甜粑等特色饮食。这些独特的民族风情和民间文化，与古朴的生产劳动和生活情趣紧密相连，透出独特的民风民俗，具有原真性和原生态性，且众多文化已列入国家非物质文化遗产名录，如傩坛戏等。

红色旅游资源。红色旅游资源是中国共产党领导中国人民在长期的革命和建设中积淀起来的一种特殊的旅游资源类型，蕴涵着丰富的革命精神和厚重的历史文化内涵。研究区是红色文化的发源地之一，拥有丰富的红色旅游资源。主要有旷继勋烈士故居、黔东革命根据地、枫香溪会议会址纪念馆、铜仁周逸群烈士陈列馆等红色旅游景点。

田园景观旅游资源。研究区广泛分布着从事农业的居民，在自然条件的基础上，创造了具有特色的乡村田园景观。包括：自然田园风光，如大规模的连片农田带，不同类型的经济果林、蔬菜园区，一定面积的天然或人工河、湖等。乡村聚落景观，如团状、带状和环状村落及点状村落等。乡村建筑景观，包括乡村民居、乡村宗祠建筑以及其他建筑形式，如苗乡寨子、土家吊脚楼等。乡村农耕文化景观，表现为农业生产、乡村劳作形式，种类繁多，如水车灌溉、围湖造田、采药摘茶等。田园景观类旅游资源，石阡最多，较其他三县丰富。见表6-2所列。

综上，研究区旅游资源种类多样，品质高。以乌江为源，衍生的山、水、人文等旅游资源星罗棋布，共同绘制的乌江山水磅礴画卷、营造的乌江生态休闲湾和多彩文化长廊，具有世界级旅游观光、体验价值。为构建乌江风景道路网提供了良好的旅游条件。

6.2.3 社会经济分析

研究区南北跨越四个县，截至2016年年底，常住人口达到163.43万人。

社会经济发展良好。2016年，石阡县完成地方生产总值71.79亿元，固定资产投资57.4亿元，财政总收入完成6.81亿元，城镇、农村常住居民人均可支配收入分别达24 394

元、7 835 元。思南县完成地方生产总值 116.6 亿元，固定资产投资 794.56 亿元，财政总收入达到 10.01 亿元，城镇、农村常住居民人均可支配收入分别达到 24 186 元、7 418 元。德江县完成地方生产总值 93.13 亿元，固定资产投资达到 120 亿元，财政总收入达到 10 亿元，城镇、农村常住居民人均可支配收入分别达 23 972 元、7 283 元。沿河县实现地方生产总值 95.63 亿元，固定资产投资 188.9 亿元，财政总收入 8.52 亿元，城镇、农村常住居民人均可支配收入分别达 23 930 元、7 300 元。

产业发展态势良好。研究区依托良好的自然生态资源，大力发展生态畜牧养殖产业、生态茶产业、生态中药材以及生态果蔬产业等。嫁接旅游业，发展集生态、种植、养殖、观光、休闲、娱乐等为一体的多功能产业园区。目前，以沿河生态茶产业、思南塘头高效农业产业等为代表的一批产业园区，已形成了"产业园区化、园区景区化、农旅一体化、旅游全域化"的良好发展态势。

精准扶贫工作稳步推进。研究区地处武陵山区特困地区，贫困人口面广，贫困程度深，扶贫工作难度大，扶贫目标任务艰巨。研究区内贫困村总计约 350 个，沿河县、德江县分布较多；贫困人口约 10 万余人，贫困人口规模最大的两个县分别为沿河县和思南县，沿河县沿江乡镇基本为贫困乡镇。

6.2.4 旅游市场分析

目前，全国休闲度假市场呈快速发展趋势，"风景气候宜人"成为休闲度假出游首选原因。贵州因其良好的自然生态环境、独具特色的民族民俗文化等，近年来，旅游发展势头迅猛。数据显示，2012—2018 年贵州省旅游业发展迅速。2018 年全省旅游总人数达 9.69 亿人次，比上年增长 30.2%；实现旅游总收入 9 471.03 亿元，比上年增长 33.1%。旅游人数从 2012 年的 2.14 亿人次增长至 2018 年的 9.69 亿人次，年均复合增长率为 28.6%，见图 6-2（a）。国内游客是贵州旅游的主要客源，入境游客较少。出游动机以休闲、游览和度假为主，占比超过 50%，其次为商务会议以及民族文化，占比分别为 14.2% 和 11.2%，其他还包括探亲访友、健康疗养、文化体育等，见图 6-2（b）。此外，自驾游已成为旅游发展中迅猛的"强大浪潮"，且全国自驾游线路多集中于西部、西南地区，杭瑞线等成为自驾游热门线路之一。贵州成为全国自驾车出游最热门区域之一。

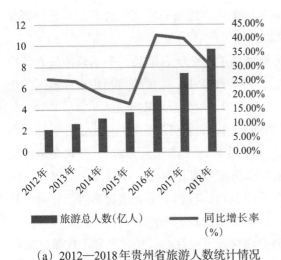

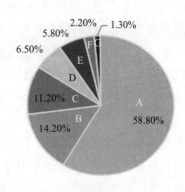

A—休闲/游览/度假； B—商务/会议； C—民族文化；
D—探亲访友； E—健康疗养； F—文化/体育等；
G—其他。

(a) 2012—2018年贵州省旅游人数统计情况　　(b) 贵州省旅游市场游客动机分析

图6-2　贵州省旅游市场分析

研究区（铜仁市）旅游以观光游为主，市场以本地及周边市场为主，旅游对社会经济贡献率增长迅速。2018年，铜仁市共接待游客9 094.43万人次，同比增长40.7%；实现旅游收入743.97亿元，同比增长43.6%。客源市场主要以本地市场和周边市场为主，国内游客市场主要以铜仁市周边重庆、四川、湖南为主。铜仁市旅游市场的游客出游动机主要以观光游览为主，占比高达65%，其次为休闲度假，占比为25%，其他还包括商务会议、探亲访友等。近年来，随着研究区打造文化旅游胜地、安居乐业福地等，全域旅游成为区域发展的抓手之一。配合交通快速发展，旅游公路成为交通发展重点等，带动了研究区自驾旅游的快速发展。

6.3　交通分析

乌江风景道路网研究区初步形成水、陆、空交通并行，东、南、西、北四个方向互联互通的旅游交通区位格局。

6.3.1　公路网分析

目前研究区已初步建设了以高速和国省道路为主的地方公路网，主要服务于研究区四县及大部分乡镇的社会经济发展、交通联系等。

（1）外部公路交通

研究区外部公路交通以高速公路网为主。目前，已初步形成"一纵三横"高速公路网。

一纵：沿榕高速。省高速编号S25。南北贯通沿河土家族自治县（简称"沿河县"）、德江县、思南县和石阡县。设计速度80千米/小时，双向四车道。

一横：德务高速。路线起始于德江县，在研究区境内与沿榕高速相接，向西延伸进入务川县，与务正高速相接。德江境段设计速度为80千米/小时，路基宽21.5米，双向四车道。

二横：杭瑞高速。国家高速编号G56。研究区境内"思南—德江"段是东西贯穿研究区的快速通道，设计速度80千米/小时，路基宽24.5米。

三横：安江高速。省高速编号S30。研究区境内主要位于石阡县，向东延伸进入江口县接杭瑞高速，向西延伸进入余庆县、瓮安县，接贵瓮高速，是横跨贵州中东部地区的交通大动脉。石阡境段设计速度80千米/小时，路基宽21.5米，双向四车道。

未来研究区将规划建设5条高速公路，加强对内、外联系。主要包括沿河至彭水高速、沿松高速［沿河经印江（木黄）至松桃］和印秀高速（印江至秀山）、合兴至余庆高速、湄石高速（湄潭至石阡）。其中，沿河至彭水高速为南北走向，路线经由沿河县、洪渡镇进入重庆市，加快了沿河县与重庆市的联系与互动，有利于游客通过洪渡镇和沿河县高速互通，快速进入乌江风景道路网旅游区。合兴至余庆高速为南北走向，路线在德江境内接杭瑞高速，进入石阡境内接安江高速。该路线加强了德江县、长坝镇和本庄镇之间的联系以及思南西部农村地区的联系。湄石高速为东西走向，横向连通石阡县、本庄镇，向西延伸进入凤冈县，向东与石大高速相接并延伸至大龙镇。该路线拉近了石阡县与本庄镇的时空距离，并可通过本庄互通快速进入乌江风景道路网旅游区。沿松高速路线在沿河县接沿榕高速，并经由沿河县进入松桃县，拉近了松桃等地区与研究区时空距离。印秀高速在思南境内接杭瑞高速，经印江，延伸至秀山，使印江地区、梵净山旅游圈的游客能够快速进入乌江风景道路网旅游区。

（2）内部公路交通

研究区内部公路交通以国道、省道和县乡道为主。

国道有4条，主要包括G326、G352、G354和G211。其中，G326为重庆秀山至云南河口的国道。研究区内主要过境沿河县与德江县，现状道路主要为三级、四级公路。G352德江县境内主要由原S303"德江—共和—长堡"段组成，现状道路大部分为三级公路。G354为南昌至兴义的国道。研究区内主要过境石阡县，现状道路主要为三级、四级公路。G211为银川至榕江的国道。研究区内南北走向，主要过境沿河县、思南县和石阡县。思南县境内主要由原有S204省道印江至思南段及S203省道思南境段组成，现状道路大部分为三级、四级公路。

省道有6条，主要包括S203、S204、S303、S304、S305和S411。其中，研究区境内，S203为南北走向，主要分布于沿河县、德江县和思南县。S204为南北走向，主要过境思南县，是连通思南县乌江西岸乡镇的重要联系通道。S303为东西走向，主要连通德江县与和沿河县。S304为东西走向，过境思南县，向西延伸连接西部乡村的通道。S305为南北走向，主要过境思南县，是思南县乌江东岸乡镇间的重要联系通道。S411为南北走向，主要位于沿河县，连通官舟镇与黄土乡。

县乡道在四县境内，基本实现村村通，道路等级主要为四级或等外公路。

未来，研究区主要规划对既有国、省干道以及部分县乡道进行提级改建，改善既有公路网服务水平和质量。同时新建一批快速路，进一步完善既有公路网内联外通功能。其中，规划建设快速路5条，主要包括印思快速路、思南港至德江快速路、德江县城至黔北机场快速路、本庄互通至河闪渡码头快速路，以及聚凤至本庄快速路。其中，印思快速路将实现印江与思南同城化，加快梵净山与研究区旅游交通的快捷往来，实现组团互动发展。思南港至德江快速路，以及德江至黔北机场快速路，进一步缩短德江与思南两地时空距离，有利于游客通过黔北机场进入乌江风景道路网旅游区。本庄互通至河闪渡码头快速路，实现了湄石高速与河闪渡码头的快速连通。聚凤至本庄快速路，将实现安江高速与本庄镇快速连通，均有利于游客通过高速快速进入乌江风景道路网旅游区。

（3）现状公路网向风景道路网发展存在的问题

通过对研究区内、外公路交通网络的分析，可知目前研究区已初步构建了以高速和国省道路为主的地方公路网，主要服务于研究区四县及大部分乡镇的社会经济发展、交通联系等。而研究区内旅游资源丰富，特色突出，尤其是以乌江流域为核心的山水、民俗、历史等旅游资源，具有世界级的观赏、休闲、体验等旅游价值。但既有公路网尚未很好地整合旅游资源，未能体现游憩服务、自然生态、文化景观等功能，主要服务于地方旅游发展和满足旅游需求的风景道路网尚未形成，主要现状问题表现为以下几点。

一是乌江沿岸道路目前尚未全线贯通，已有道路主要为乡村道路或少量城市道路，等级较低，既有道路尚未很好地串联乌江沿线旅游资源。

二是通道建设落后。连接乌江与周边地区，包括城市、乡镇、景区等之间的通道主要为县乡道，国省道较少，总体道路等级和服务水平较低，路况较差，路侧景观缺乏设计和维护，尚未形成按照风景道标准建设的风景道路线。

三是节点体系尚未整合与完善。乌江沿岸节点类型丰富，但存在功能较弱、建设较落后，文化、景观、游憩等特色不突出等问题。同时，未能与既有公路网较好地整合，分布零散、可达性较差。

因此迫切需要构建一套风景道路网，弥补既有公路网在旅游功能、旅游发展等方面的不足，以满足蓬勃发展的自驾旅游需求、契合国家提出的乌江风景道作为25条国家生态旅游廊道之一的政策，以及地方将乌江风景道作为旅游公路重点发展之势，最终，形成东西连接"梵净山—凤凰"和"遵义—赤水"旅游板块，南北连接"重庆"和"贵阳"两大旅游板块的风景道路网旅游目的地。

6.3.2 水运分析

研究区水运以乌江为骨架。乌江航道历史悠久，历史上就是西南地区物资交流和经济往来的主要水运通道。目前，乌江航道已经实现全段通航，为四级航道，成功实现了500吨级船舶直航。乌江航道是从贵州出省汇入长江、连接长三角经济区的出省水运主通道，也进一步提高了铜仁地区北上入江、南下出海的水运通航能力。乌江航道沿线大小港口码头分布众多。目前，主要港口码头为沿河港、德江共和港、思南港以及石阡河闪渡码头。

未来，将进一步加快畅通乌江干流航道，推进乌江三级航道改造及相应电站通航设施扩能工程，可通航1 000吨级船舶。同时，重点提级改造原有港口码头，形成以沿河港、德江港、思南港以及石阡港为骨干，其他一般港口（码头）为基础的港口（码头）体系。其中，沿河港重点建设淇滩码头、东风码头（沿河县城）、思渠码头、洪渡码头等；德江港重点建设共和码头、望牌码头；思南港重点建设思塘码头（思南县城）、思林码头、文家店码头等；石阡港重点建设河闪渡码头。此外，还包括一些一般性码头，如水口码头、三道口码头、潮砥码头、夹石码头等。

6.3.3　航空分析

目前，研究区内尚无民用机场，游客主要依托区外周边市、县机场进入。研究区外150 km范围内有五个机场，分别是铜仁凤凰机场、遵义新舟机场、凯里黄平机场、重庆黔江武陵山机场和怀化芷江机场，东、南、西、北四个方向均可通过航空方式进入研究区。

德江黔北机场已成为进入研究区的主要机场。对于构建贵州省综合交通运输体系，提升黔北区域对外开放，以及促进物流、旅游等发展具有重要意义。

6.3.4　铁路分析

研究区周边主要铁路线有两条，分别是渝怀铁路和沪昆高铁。渝怀铁路主要在铜仁、玉屏、松桃设站；沪昆高铁在铜仁设铜仁南站（高铁站）。

未来，构建铜仁至黔中、成渝、长株潭、珠三角、长三角、京津冀核心区域1—7小时高铁交通圈。主要有4条铁路过境乌江廊道研究区，分别是郑贵高铁、昭黔铁路、涪柳铁路（德江至思南至石阡段）和遵义经铜仁至吉首铁路（德江至铜仁主城区铁路段）。目前，四条铁路线已在德江规划铁路枢纽，未来游客可通过德江火车枢纽直接进入研究区。

6.4　乌江风景道路网构建

6.4.1　构建目标

按照"主题化、网络状、快速与慢行结合"，将风景道路网理念应用在乌江风景道路网建设中，使道路由单一的"交通"功能向"交通、游憩、景观和保护"等复合功能转型，构建乌江风景道路网（由1条滨水风景道主道、多条风景道集疏线和风景道连接线构成），实现道路与周边旅游城镇、景区景点、传统村落、文保单位、产业园区、扶贫村落等相互贯通、有机串联；实现道路与既有公路网、乌江水路网，综合交通网、快慢行交通系统等各交通方式和基础设施的最佳匹配，提高组合效率、发挥整体优势和优化旅游交通体验；最终形成高度关联、密切合作、分工明确、互动发展的乌江风景道路网。

6.4.2 构建原则

（1）五化原则

"主次化、等级化"是指乌江风景道路线分等级，包括主道、集疏线和连接线，且采用不同的技术等级标准进行建设。"主题化、特色化"是指乌江风景道路网不同路段，应结合地方文化，如土家山歌文化、傩文化、夜郎文化等，体现主题和特色。"网络化"是指三级风景道路线之间，以及与各类风景道路网节点之间，应互联互通，形成环状、网状的路网结构。

（2）因地制宜，就地利用

研究区喀斯特地貌分布广，乌江两岸峡谷高深陡峭，水资源、森林植被等生态环境脆弱。因此，乌江风景道路网布设应宜山则山，宜水则水，因地制宜，尽量避免跨江布设路线，减少生态环境破坏等。同时，尽量利用已有道路体系，减少新建道路。主道应在已有乌江沿线道路的基础上，主要对低等级县乡道以及土坯路等进行提级改建；集疏线主要利用高速、国道或省道，以及提级改建县乡道；连接线主要利用既有县乡道路。

（3）多维立体，起伏之美

通过构建互联互通的风景道路网，以及零换乘、无缝对接的交通枢纽体系，使游客在路网中"快进、散游"，同时，通过组织低空飞行、水上游览、陆地自驾等多种游览方式，"多维、慢体验、立体化"游赏观景，体现乌江风景道路网的起伏之美，展现贵州山水之美。

（4）互联互通，无缝衔接

乌江风景道路网建设要实现互联互通。通过网状道路连接和支撑，形成与周边乡镇、景区景点、产业园区等的相互贯通、有机串联，以及实现多种交通方式零换乘、无缝对接。最终实现研究区域外部、内部之间的互联互通，使游客从东南西北四个方向快速进入，优化旅游活动的组织与开展。

（5）分割性原则

乌江风景道主道连接思南、沿河等较大城市或乡镇，以及生态敏感脆弱的自然保护区等区域，道路应尽量避免直接穿越，采用"远而不疏，近而不入"的方式布局，避免城区环境、交通流杂乱等的影响，以及对自然生态等的破坏，保持风景道路网上纯净、高品质的旅游环境。

6.4.3 路网构建

根据对研究区社会经济、自然、资源、交通等的调查分析，构建乌江风景道路网概念模型（"三节点、三路线"），如图6-3所示。

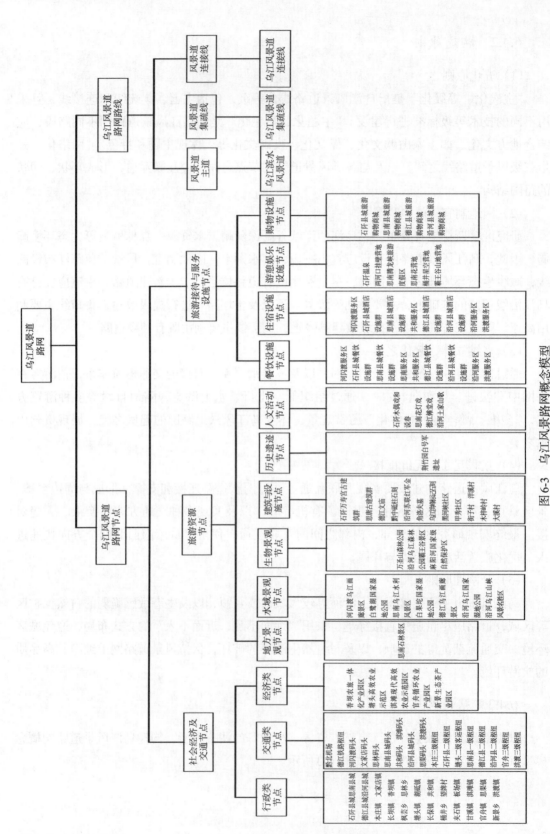

图6-3　乌江风景路网概念模型

（1）三节点

乌江风景道路网节点包括三大类，即社会经济及交通节点、旅游资源节点和旅游接待与服务设施节点。

①社会经济及交通节点

乌江风景道路网社会经济及交通节点，主要继承研究区内重要的社会经济及交通节点，包括行政类、交通类和经济类。同时，根据文献，对空间距离较近、空间有重叠或交集的节点进行合并，例如县城与位于县城内的交通枢纽，二者在地域空间上重叠，则统计为一个风景道路网社会经济及交通节点。最终得到28个乌江风景道路网社会经济及交通节点，见表6-1所列。

表6-1 乌江风景道路网社会经济及交通节点统计表

研究区内社会经济及交通节点类型细分统计			乌江风景道路网社会经济及交通节点（合并整理后）
序号	行政类	交通类	经济类	—
1	石阡县	石阡二级客运枢纽	—	石阡社会经济及交通节点
2	—	河闪渡码头	—	河闪渡社会经济及交通节点
3	本庄镇	—	—	本庄社会经济及交通节点
4	文家店镇	文家店码头	—	文家店社会经济及交通节点
5	长坝镇	—	—	长坝社会经济及交通节点
6	香坝镇	—	香坝农旅一体化产业园区	香坝社会经济及交通节点
7	枫芸乡	—	—	枫芸社会经济及交通节点
8	思林乡	思林码头	—	思林社会经济及交通节点
9	塘头镇	塘头二级客运枢纽	塘头高效农业示范区	塘头社会经济及交通节点
10	思南县	思南一级客运枢纽 思南县城码头	—	思南社会经济及交通节点
11	潮砥镇	—	—	潮砥社会经济及交通节点
12	长堡镇	—	—	长堡社会经济及交通节点
13	共和镇	共和码头	—	共和社会经济及交通节点
14	—	黔北机场	—	黔北社会经济及交通节点
15	德江县	德江二级客运枢纽 德江铁路枢纽	—	德江社会经济及交通节点
16	桶井乡	—	—	桶井社会经济及交通节点
17	望牌村	望牌码头	—	望牌社会经济及交通节点
18	夹石镇	—	—	夹石社会经济及交通节点
19	甘溪镇	—	—	甘溪社会经济及交通节点

续表

序号	研究区内社会经济及交通节点类型细分统计			乌江风景道路网 社会经济及交通节点 (合并整理后)
序号	行政类	交通类	经济类	—
20	板场镇	—	—	板场社会经济及交通节点
21	淇滩镇	淇滩码头	—	淇滩社会经济及交通节点
22		—	淇滩高效农业示范园区	淇滩农业园区社会经济及交通节点
23	沿河县	沿河二级客运枢纽 沿河县城(东风)码头	—	沿河社会经济及交通节点
24	官舟镇	官舟三级客运枢纽	—	官舟社会经济及交通节点
25		—	官舟循环农业产业园区	官舟农业园区社会经济及交通节点
26	思渠镇	思渠码头	—	思渠社会经济及交通节点
27	新景乡	—	新景生态茶产业园区	新景社会经济及交通节点
28	洪渡镇	洪渡三级客运枢纽 洪渡码头	—	洪渡社会经济及交通节点

②旅游资源节点

研究区旅游资源类型丰富,发展较为成熟,基本均被评定为风景名胜区、水利风景区、地质公园、湿地公园、自然保护区、森林公园、国家重点文物保护单位、国家传统村落或非物质文化遗产等。根据旅游资源核心功能和特征,主要形成六类乌江风景道路网旅游资源节点,主要包括地文景观节点、水域景观节点、生物景观节点、建筑与设施节点、历史遗迹节点及人文活动节点。见表6-2所列。

表6-2 乌江风景道路网旅游资源节点统计表

序号	研究区旅游资源类型细分统计		乌江风景道路网 旅游资源节点
序号	类型细分	资源细化	—
1	地文景观节点	思南石林景区	思南石林景区
2	水域景观节点	河闪渡乌江画廊景区	河闪渡乌江画廊景区
3		白鹭湖国家湿地公园	白鹭湖国家湿地公园
4		思南乌江国家水利风景区	思南乌江国家水利风景区
5		白果坨国家湿地公园	白果坨国家湿地公园
6		德江乌江画廊景区	德江乌江画廊景区
7		沿河乌江国家湿地公园	沿河乌江国家湿地公园

续表

研究区旅游资源类型细分统计			乌江风景道路网 旅游资源节点
序号	类型细分	资源细化	—
8	水域景观节点	贵州沿河乌江山峡风景名胜区 (也被评定为沿河乌江国家水利风景区)	贵州沿河乌江山峡风景名胜区
9		乌江河段	乌江
10	生物景观节点	思南县万圣山省级森林公园	万圣山森林公园
11		沿河县乌江省级森林公园	沿河乌江森林公园
12		霸王谷景区	霸王谷景区
13		麻阳河国家级自然保护区	麻阳河国家级自然保护区
14	建筑与设施节点	石阡万寿宫古建筑群国家重点文物保护单位	石阡万寿宫古建筑群
15		思唐古建筑群国家重点文物保护单位	思唐古建筑群
16		德江文庙省级文物保护单位	德江文庙
17		黔中砥柱石刻省级文物保护单位	黔中砥柱石刻
18		苏联红军金角洛夫墓省级文物保护单位	苏联红军金角洛夫墓
19		乌江洪峰标记石刻省级文物保护单位	乌江洪峰标记石刻
20		黑河峡社区国家传统村落	黑河峡社区
21		甲秀社区国家传统村落	甲秀社区
22		街子村国家传统村落	街子村
23		洋溪村国家传统村落	洋溪村
24		木梓岭村国家传统村落	木梓岭村
25		大溪村国家传统村落	大溪村
26	历史遗迹节点	荆竹园白号军遗址省级文物保护单位	荆竹园白号军遗址
27	人文活动节点	石阡木偶戏和说春国家非物质文化遗产	石阡木偶戏和说春
28		思南花灯戏国家非物质文化遗产	思南花灯戏
29		德江傩堂戏国家非物质文化遗产	德江傩堂戏
30		沿河土家山歌国家非物质文化遗产	沿河土家山歌

③旅游接待与服务设施节点

研究区旅游接待与服务设施节点，主要包括餐饮设施节点、住宿设施节点、游憩娱乐设施节点以及购物设施节点。主要依托县城的酒店、宾馆、饭店、购物商城等设施群，以及旅游服务区、营地等，形成乌江风景道路网旅游接待与服务设施节点。对空间距离较近、空间有重叠或交集的节点进行合并，例如依托县城酒店等形成的住宿设施节点，与依托县城餐馆等形成的餐饮设施节点，二者在地域空间上重叠，则统计为一个风景道路网旅游接待与服务设施节点。最终得到11个乌江风景道路网旅游接待与服务设施节点，见表6-3所列。

表6-3　乌江风景道路网旅游接待与服务设施节点统计表

研究区旅游接待与服务设施节点类型细分统计				乌江风景道路网旅游接待与服务设施节点（合并整理后）
序号	餐饮设施节点	住宿设施节点	游憩娱乐设施节点	购物设施节点	—
1	河闪渡服务区	河闪渡服务区	—	—	河闪渡服务区旅游接待与服务设施节点
2	石阡县城餐饮设施群	石阡县城酒店设施群	石阡温泉(城南温泉)	石阡县城旅游购物商城	石阡县城旅游接待与服务设施节点
3	—	—	两河口挂壁营地	—	两河口挂壁营地旅游接待与服务设施节点
4	思南县城餐饮设施群	思南县城酒店设施群	思南腾龙峡旅游度假区	思南县城旅游购物商城	思南县城旅游接待与服务设施节点
5	思南服务区	—	思南花营地	—	思南花营地旅游接待与服务设施节点
6	—	共和服务区	—	—	共和服务区旅游接待与服务设施节点
7	共和服务区	德江县城酒店设施群	—	德江县城旅游购物商城	德江县城旅游接待与服务设施节点
8	德江县城餐饮设施群	—	桶井星空营地	—	桶井星空营地旅游接待与服务设施节点
9	—	沿河县城酒店设施群 沿河服务区	—	沿河县城旅游购物商城	沿河县城旅游接待与服务设施节点
10	沿河县城餐饮设施群	—	霸王谷山地营地	—	霸王谷山地营地旅游接待与服务设施节点
11	沿河服务区	洪渡服务区	—	—	洪渡服务区旅游接待与服务设施节点

（2）三路线

乌江风景道路网由风景道主道、风景道集疏线和风景道连接线构成。

风景道主道规划主要沿乌江布局，串联乌江两岸重要旅游资源节点，形成乌江滨水风景道，是主要的旅游目的地和旅游产品。

风景道集疏线规划主要为连接乌江滨水风景道与周边社会经济及交通节点和旅游接待与服务设施节点，提供旅游交通集散、旅游休憩、娱乐、购物等旅游服务和旅游产品消费等，以利用既有国、省干道以及高速公路为主。

风景道连接线规划主要为完善风景道路网，扩大和深化乌江风景道路网旅游、交通、经济等功能的辐射和覆盖范围，以利用县乡道，提级改建等外公路等为主。

6.5 基于节点重要度的乌江风景道路网布局

6.5.1 乌江风景道路网节点分析

（1）节点组合

乌江风景道路网节点具有多种不同属性类别节点组合的特征，形成的组合节点包括单一型（看作一项组合）、两项组合和三项组合，组合节点见表6-4所列。

表6-4 乌江风景道路网组合节点

组合节点	社会经济及交通节点	旅游资源节点	旅游接待与服务设施节点
单一型 （一项组合） （27个）	本庄 长坝 香坝 枫芸 黔北机场 桶井 甘溪 板场 淇滩农业园区 官舟 官舟农业园区 新景	河闪渡乌江画廊 思南石林景区 白鹭湖国家湿地公园 思南乌江水利风景区 白果坨国家湿地公园 德江乌江画廊景区 沿河乌江国家湿地公园 贵州沿河乌江山峡风景名胜区 麻阳河国家自然保护区 荆竹园白号军遗址 街子村 洋溪村 木梓岭村 大溪村	桶井星空营地
两项组合 （12个）	文家店、思林、塘头、潮砥、长堡、望牌、夹石、淇滩、思渠	—	
	—	两河口挂壁营地、思南花营地、霸王谷	
三项组合 （7个）	河闪渡、石阡、思南、德江、共和、沿河、洪渡		

（2）节点重要度指标及数据

根据第5章构建的风景道路网节点重要度模型，结合研究区数据可获得性、准确性等实际情况，来确定乌江风景道路网节点的重要度指标及数据。具体指标及数据获取情况见表6-5所列。

乌江风景道路网社会经济及交通节点，以石阡县、思南县、德江县以及沿河县提供的2016年各乡镇主要经济指标的统计数据为主要依据，结合政府网站资料，采用年末人口和农业总产值两项指标。

乌江风景道路网旅游资源节点采用资源价值指标。根据旅游资源评定等级，按照第3章表3-3所列，直接赋分。此外，"乌江河段"资源的打分，按照该乌江河段所属旅游景区的评定等级，取相同分数。如文家店乌江资源，由于该河段属于白鹭湖国家湿地公园，因此，按照白鹭湖国家湿地公园的分值来取值。

乌江风景道路网旅游接待与服务设施节点采用旅游人数和旅游收入指标。由于地方统计年鉴缺少针对旅游接待与服务设施节点的相关数据统计，且乌江旅游服务区及营地主要为规划，缺少统计数据。因此，采用类比预测的方式来获得指标数据。同时，依托县城形成的旅游接待与服务设施节点，采用2016年四县旅游接待人数和旅游收入数据。

表6-5　乌江风景道路网节点重要度指标及数据获取

目标层	属性层	类别层	指标层	因子层	计算方法
乌江风景道路网节点重要度指标	社会经济及交通节点	行政类、交通类、经济类	人口	年末人口	统计数据
			产业	农业总产值	统计数据
	旅游资源节点	地文景观节点、水域景观节点、生物景观节点、建筑与设施节点、历史遗迹节点、人文活动节点	资源价值	——	根据现有认定等级直接赋值
	旅游接待与服务设施节点	餐饮设施节点、住宿设施节点、游憩娱乐设施节点、购物设施节点	旅游人数	旅游总人数	类比预测及统计数据
			旅游收入	旅游总收入	统计数据

6.5.2　乌江风景道路网节点重要度计算

（1）类别权重及指标权重

一是类别权重。根据第5章提出的基于专家可信度的层次分析法来确定乌江风景道路网节点类别权重。采用问卷调查的方式获得数据。

设计"乌江风景道路网专家可信度调查问卷"和"乌江风景道路网属性类别节点的类别权重调查问卷",并向全国旅游交通研究领域专家、学者、博士研究生以及参与研究区项目考察的高级工程师等工作人员构成的专家组发放问卷,邀请其就各自可信度,以及对乌江风景道路网节点属性类别之间的相互重要程度进行判断。根据传统交通调查发放有效问卷数应不小于60份的要求,本书共计发放问卷65份,回收问卷65份,有效问卷60份,有效率为92.3%。

根据公式(5-2)和(5-3),计算得出60位专家的可信度,见表6-6所列。

表6-6　60位专家可信度统计表

专家编号	可信度	专家编号	可信度	专家编号	可信度	专家编号	可信度	专家编号	可信度
1	0.043 9	13	0.015 8	25	0.015 8	37	0.026 3	49	0.015 8
2	0.043 9	14	0.003 2	26	0.026 3	38	0.015 8	50	0.005 3
3	0.015 8	15	0.003 2	27	0.003 2	39	0.043 9	51	0.015 8
4	0.009 5	16	0.001 8	28	0.001 8	40	0.026 3	52	0.005 3
5	0.001 8	17	0.005 3	29	0.003 2	41	0.015 8	53	0.122 0
6	0.005 3	18	0.001 1	30	0.000 1	42	0.009 5	54	0.015 8
7	0.005 3	19	0.009 5	31	0.005 3	43	0.026 3	55	0.026 3
8	0.014 6	20	0.001 1	32	0.001 1	44	0.015 8	56	0.026 3
9	0.001 1	21	0.000 4	33	0.003 2	45	0.005 3	57	0.073 2
10	0.003 2	22	0.003 2	34	0.043 9	46	0.000 4	58	0.026 3
11	0.015 8	23	0.015 8	35	0.015 8	47	0.073 2	59	0.015 8
12	0.001 8	24	0.001 1	36	0.008 8	48	0.015 8	60	0.026 3

根据传统层次分析法,计算60位专家对乌江风景道路网节点属性类别的权重,计算结果见表6-7所列。

表6-7 AHP计算乌江风景道路网节点属性类别权重

专家编号	社会经济及交通节点属性类别权重	旅游资源节点属性类别权重	旅游接待及服务设施属节点属性类别权重	专家编号	社会经济及交通节点属性类别权重	旅游资源节点属性类别权重	旅游接待及服务设施节点属性类别权重
1	0.077 8	0.486 9	0.435 3	31	0.100 7	0.673 8	0.225 5
2	0.279 0	0.649 1	0.071 9	32	0.730 6	0.188 4	0.081 0
3	0.242 6	0.669 4	0.087 9	33	0.792 8	0.131 2	0.076 0
4	0.279 0	0.649 1	0.071 9	34	0.673 8	0.225 5	0.100 7
5	0.111 1	0.777 8	0.111 1	35	0.142 9	0.714 3	0.142 9
6	0.237 0	0.698 6	0.064 3	36	0.104 7	0.637 0	0.258 3
7	0.176 3	0.762 6	0.061 1	37	0.104 7	0.637 0	0.258 3
8	0.319 6	0.558 4	0.122 0	38	0.333 3	0.333 3	0.333 3
9	0.332 5	0.527 8	0.139 6	39	0.194 7	0.717 2	0.088 1
10	0.071 9	0.649 1	0.279 0	40	0.111 1	0.777 8	0.111 1
11	0.265 4	0.671 6	0.062 9	41	0.454 5	0.454 5	0.090 9
12	0.065 0	0.573 6	0.361 4	42	0.318 7	0.615 3	0.066 0
13	0.194 7	0.717 2	0.088 1	43	0.352 2	0.559 1	0.088 7
14	0.669 4	0.087 9	0.242 6	44	0.361 4	0.573 6	0.065 0
15	0.112 5	0.178 6	0.708 9	45	0.139 2	0.773 2	0.087 7
16	0.157 1	0.249 3	0.593 6	46	0.268 4	0.614 4	0.117 2
17	0.109 5	0.581 6	0.309 0	47	0.777 8	0.111 1	0.111 1
18	0.514 6	0.097 5	0.387 9	48	0.249 3	0.593 6	0.157 1
19	0.405 4	0.114 0	0.480 6	49	0.249 3	0.593 6	0.157 1
20	0.450 7	0.490 1	0.059 2	50	0.104 7	0.258 3	0.637 0
21	0.142 9	0.714 3	0.142 9	51	0.119 4	0.747 1	0.133 6
22	0.265 4	0.671 6	0.062 9	52	0.215 0	0.530 2	0.254 9
23	0.344 5	0.546 9	0.108 5	53	0.193 9	0.742 9	0.063 3
24	0.818 2	0.090 9	0.090 9	54	0.290 5	0.290 5	0.419 0
25	0.319 6	0.122 0	0.558 4	55	0.071 9	0.649 1	0.279 0
26	0.268 4	0.614 4	0.117 2	56	0.242 6	0.669 4	0.087 9
27	0.333 1	0.569 5	0.097 4	57	0.188 4	0.730 6	0.081 0
28	0.279 7	0.626 7	0.093 6	58	0.188 4	0.730 6	0.081 0
29	0.527 8	0.332 5	0.139 6	59	0.104 7	0.637 0	0.258 3
30	0.065 0	0.573 6	0.361 4	60	0.131 1	0.660 8	0.208 1

最后，根据公式（5-4），计算最终权重，即基于专家可信度AHP的乌江风景道路网节点属性类别权重，计算结果见表6-8所列。

表6-8 基于专家可信度AHP的乌江风景道路网节点类别权重

类别权重	社会经济及交通节点类别权重	旅游资源节点类别权重	旅游接待与服务设施节点类别权重
值	0.28	0.57	0.15

二是指标权重。根据专家组意见，认为乌江风景道路网社会经济及交通节点重要度的两个指标，年末人口和农业总产值具有同等重要性，因此，此二项指标权重分别取0.5；认为旅游接待与服务设施节点重要度的两个指标，旅游人数和旅游收入，具有同等重要性，因此，此二项指标权重分别取0.5。

（2）节点重要度计算结果

根据对乌江风景道路网组合节点的分析、对乌江风景道路网节点类别权重的确定，以及乌江风景道路网节点重要度指标数据、指标权重的确定，根据公式式（5-5），计算乌江风景道路网节点重要度，即组合节点重要度，计算结果见表6-9。

表6-9 乌江风景道路网组合节点重要度

节点组合类型	节点属性类别	编号	组合节点	重要度
单一型（一项组合）（27个）	社会经济及交通节点属性	1	本庄	0.723 8
		2	长坝	0.148 4
		3	香坝	0.255 7
		4	枫芸	0.197 1
		5	桶井	0.219 6
		6	甘溪	0.283 9
		7	板场	0.288 2
		8	淇滩农业园区	0.212 4
		9	官舟	0.513 7
		10	官舟农业园区	0.463 6
		11	新景	0.103 7
		12	黔北机场	0.022 5
	旅游资源节点属性	13	河闪渡乌江画廊	0.615 6
		14	思南石林景区	0.615 6
		15	白鹭湖国家湿地公园	0.692 5
		16	思南乌江水利风景区	0.692 5

节点组合类型	节点属性类别	编号	组合节点	重要度
单一型 （一项组合） （27个）	旅游资源节点属性	17	白果坨国家湿地公园	0.692 5
		18	德江乌江画廊景区	0.615 6
		19	沿河乌江国家湿地公园	0.692 5
		20	贵州沿河乌江山峡风景名胜区	0.692 5
		21	麻阳河国家自然保护区	0.692 5
		22	荆竹园白号军遗址	0.384 7
		23	街子村	0.538 6
		24	洋溪村	0.538 6
		25	木梓岭村	0.538 6
		26	大溪村	0.538 6
	旅游接待与服务设施节点属性	27	桶井星空营地	0.009 4
两项组合 （12个）	社会经济及交通节点属性 + 旅游资源节点属性	28	文家店	0.862 7
		29	思林	1.380 7
		30	塘头	0.941 3
		31	潮砥	1.174 2
		32	长堡	0.843 3
		33	望牌	0.706 0
		34	夹石	1.060 1
		35	淇滩	1.063 3
		36	思渠	0.900 2
	旅游资源节点属性 + 旅游接待与服务设施节点属性	37	两河口挂壁营地	0.718 4
		38	思南花营地	0.707 3
		39	霸王谷	0.646 3
三项组合 （7个）	社会经济及交通节点属性 + 旅游资源节点属性 + 旅游接待与服务设施节点属性	40	河闪渡	0.723 8

节点组合类型	节点属性类别	编号	组合节点	重要度
三项组合 （7个）	社会经济及交通节 点属性 ＋ 旅游资源节点属性 ＋ 旅游接待与服务设 施节点属性	41	石阡	2.255 9
		42	思南	3.089 3
		43	德江	2.146 8
		44	共和	0.889 3
		45	沿河	3.308 3
		46	洪渡	0.869 5

6.5.3 乌江风景道路网布局

1. 节点分层

乌江风景道主道连接节点。乌江风景道主道主要连接旅游资源品质较高的风景道路网节点，包括旅游资源节点的单一型、两项组合和三项组合，具体组合节点详见表6-4所列。

将以上备选组合节点，根据节点重要度，采用定量与定性相结合的方法，划分为"重要"和"一般"两个层级。具体根据表6-9，将备选的组合节点，按照节点重要度，从大到小进行排序。结合研究区社会经济、交通、自然地理条件等分析，为使节点选取的保证率在75%左右，设定重要度阈值为0.64，将重要度在0.64及以上的划分为"重要"，重要度在0.64以下的划分为"一般"。其中，属于"重要"的组合节点由乌江风景道主道连接，"一般"的组合节点主要由乌江风景道集疏线或连接线连接。此外，考虑乌江风景道主道规划为滨水风景道，而石阡、德江、塘头距离乌江较远，且主要承担社会经济功能，因而调整为"一般"节点，由乌江风景道集疏线或者连接线连接。具体见表6-10所列。

表6-10 乌江风景道主道备选组合节点分类与重要度分层

备选节点分类	具体组合节点	节点重要度分层
乌江风景道主道连接节点	沿河、思南、思林、潮砥、淇滩、夹石、思渠、共和、洪渡、文家店、长堡、河闪渡、两河口挂壁营地、思南花营地、望牌、白鹭湖国家湿地公园、思南乌江水利风景区、白果坨国家湿地公园、沿河乌江国家湿地公园、贵州沿河乌江山峡风景名胜区、麻阳河国家自然保护区、霸王谷	重要
乌江风景道集疏线或连接线连接节点（部分）	石阡、德江、塘头、河闪渡乌江画廊、思南石林景区、德江乌江画廊景区、街子村、洋溪村、木梓岭村、大溪村、荆竹园白号军遗址	一般

乌江风景道集疏线连接节点。乌江风景道集疏线连接重要度较大的具有交通属性或旅游接待与服务设施属性和功能的节点。包括社会经济及交通节点、旅游接待与服务设施节点的单一型、两项组合或三项组合。

将以上备选组合节点根据节点重要度，采用定量与定性相结合的方法，从大到小进行排序，划分为"重要"和"一般"两个层级。结合研究区社会经济、交通、自然地理条件等分析，为使节点选取的保证率在75%左右，设定重要度阈值为0.15，将重要度在0.15及以上的划分为"重要"，重要度在0.15以下的划分为"一般"。其中，属于"重要"的组合节点由乌江风景道集疏线连接，属于"一般"的组合节点由乌江风景道连接线连接。同时，已经由乌江风景道主道连接的节点，不再重复统计和重复连接。此外，考虑到黔北机场是未来研究区主要的航空交通枢纽，具有区域交通集散的重要功能，因而将其调整为"重要"节点，采用集疏线进行连接。具体见表6-11所列。

表6-11　乌江风景道集疏线备选节点分类与重要度分层

备选节点分类	具体组合节点	节点重要度分层
乌江风景道集疏线连接节点	石阡、德江、塘头、本庄、官舟、官舟农业园区、板场、甘溪、香坝、桶井、淇滩农业园区、枫芸、黔北机场	重要
乌江风景道连接线连接节点(部分)	长坝、新景、桶井星空营地	一般

乌江风景道连接线连接节点。将节点重要度分层为"一般"，以及其余尚未由乌江风景道主道和集疏线连接的节点，由乌江风景道连接线连接。具体见表6-12所列。

表6-12　乌江风景道连接线备选节点分类与重要度分层

备选节点分类	具体组合节点	节点重要度分层
乌江风景道连接线连接节点	河闪渡乌江画廊、思南石林景区、德江乌江画廊景区、街子村、洋溪村、木梓岭村、大溪村、荆竹园白号军遗址、长坝、新景、桶井星空营地	一般

2. 路网布局

（1）理论布局方案设计。

结合已经计算的节点重要度、节点层次，利用公式（5-6）计算各组合节点间的路段重要度，并根据5.3.2章节的方法，逐层求解乌江风景道路线重要度最优树，最终生成乌江风景道路网最优树，即乌江风景道路网理论布局方案。其中，计算路段重要度的基础数据，即节点间路段距离，通过Google Earth以及GPSspg官网查询获得。

①第一层路线重要度最优树。

经过计算，构造第一层组合节点布局的路线重要度最优树所产生的全部路段重要度，生成的路线重要度最优树，是乌江风景道主道的理论布局方案。

乌江风景道主道理论布局方案主要有三段，分别是：

A. 河闪渡—文家店—白鹭湖国家湿地公园—思林—思南乌江水利风景区—思南—思南花营地—潮砥—共和—长堡—白果坨国家湿地公园—夹石—望牌—淇滩—沿河—沿河乌江国家湿地公园—贵州沿河乌江山峡风景名胜区—思渠—麻阳河国家自然保护区—洪渡；

B. 思林—两河口挂壁营地；

C. 贵州沿河乌江山峡风景名胜区—霸王谷。

②第二层路线重要度最优树。

在第一层路线重要度最优树的基础上，经过计算，构造第二层组合节点布局的路线重要度最优树所产生的全部路段重要度，生成的路线重要度最优树，是乌江风景道集疏线的理论布局方案。

乌江风景道集疏线的理论布局方案主要有七段，分别是：

A. 石阡—塘头—思南—黔北机场—德江；

B. 沿河—官舟农业园区—官舟；

C. 沿河—淇滩—淇滩农业园区—甘溪；

D. 思南—思林—枫芸—香坝；

E. 河闪渡—本庄；

F. 沿河—板场；

G. 德江—桶井。

③第三层路线重要度最优树。

在第一层、第二层路线重要度最优树的基础上，构造第三层组合节点布局的路线重要度最优树所产生的全部路段重要度，生成的路线重要度最优树，是乌江风景道连接线的理论布局方案。

乌江风景道连接线理论布局方案主要有七段，分别是：

A. 长坝—思南石林景区—文家店—荆竹园白号军遗址；

B. 洋溪村—木梓岭村—沿河—大溪村；

C. 塘头—街子村；

D. 长堡—德江乌江画廊；

E. 河闪渡—河闪渡乌江画廊；

F. 沿河—新景；

G. 桶井—桶井星空营地。

通过逐层求解乌江风景道路线重要度最优树，最终形成乌江风景道路网最优树的理论布局方案。

（2）布局方案调整。

以既有及规划的公路网布局为基础，结合研究区社会经济、自然生态、地质地貌等特征，对乌江风景道路网理论布局方案进行优化调整，主要调整思路及要点包括以下几点。

①减少跨江路线布设。乌江风景道路网节点主要散布于乌江两岸。由于跨江道路的工程建设难度较大，对乌江沿岸山体、水资源、森林等破坏严重，因此，尽量减少新建跨江道路，通过调整路线走向，利用既有公路桥梁来实现乌江两岸节点的连通。需要调整的跨江路段主要为德江县境内潮砥至共和路段。

②路线布设避开不良地质、生态保护区域等。研究区为典型的喀斯特地貌区，地质构造较为复杂，受沿线断层、背斜及向斜影响，沿线较多顺层边坡及潜在失稳边坡。此外，研究区境内乌江下游主要为自然保护区，内部不允许高等级道路穿过。因此，主要调整德江县境内共和至望牌的不良地质环境路段，以及沿河县境内沿河至洪渡的地质构造复杂、穿越自然保护区的路段。

③调整重合路段，尽量利用既有公路，减少新建。对不同等级乌江风景道路线，以及与既有或规划公路路线重合或方向一致的路段，进行路线等级和走向的优化调整。主要包括乌江风景道主道与集疏线、连接线部分重合的路段，以及与既有高速、国省干道重合的路段。

④强化连接，形成环状、网状路网。在树状路网结构基础上，利用既有公路，如石湄高速、S203、S204、G326等，加强乡镇节点与乌江风景道路网的联系，形成回路或环路，减少断头路段。

（3）最终布局方案

经调整后，形成主次分明、结构合理的乌江风景道路网布局。乌江风景道路网形成的风景道主道、风景道集疏线和风景道连接线总体格局具体如下，见表6-13所列。

①乌江风景道主道。

乌江风景道主道是滨水风景道，按照从上游到下游的顺序梳理，路线起点位于石阡县河闪渡，终点位于沿河县洪渡，途经文家店、白鹭湖国家湿地公园、思林、思南乌江水利风景区、思南、思南花营地、潮砥、长堡、白果坨国家湿地公园、共和、夹石、望牌、淇滩、沿河、沿河乌江国家湿地公园、贵州沿河乌江山峡风景名胜区、思渠以及麻阳河国家自然保护区等。

乌江风景道主道沿线串联了众多高品质旅游资源节点，沿江旅游城市、旅游小镇以及旅游服务区及营地等，是乌江风景道路网最核心的旅游目的地和旅游产品。路线主要提级改建较低等级公路和直接利用既有公路，新建较少。路线等级主要为二级或三级。

②乌江风景道集疏线。

乌江风景道集疏线总共有7条，其中有3条与风景道主道局部路线走向一致，路线重合。具体线路如下。

A. 石阡至思渠或沿河。

路线起点位于石阡县城，终点位于思渠镇或沿河县城。途经塘头、思南、黔北机场、德江、官舟后，路线分别向北或向东行走。其中，向北延伸，经官舟农业园区，止于思渠，该段与风景道主道"沿河—思渠"重合；向东延伸，连接沿河县城。

路线连接了研究区的重要城市、乡镇、交通枢纽等，成为南北纵贯研究区的交通大通道，为风景道主道旅游交通集散提供便利。路线主要利用既有和规划的公路，等级主要为高速、二级公路以及快速路。

B. 思南至文家店。

路线起点位于思南县城，终点位于文家店镇。途经思林、枫芸、香坝、长坝、思南石林。线路连接了思南县西部众多乡镇、景区景点、农业产业园区等，是辐射西部山区的重要旅游经济路线。路线主要利用既有省道以及规划的环湖旅游公路，等级主要为二级、三级。

C. 德江至淇滩。

路线起点位于德江县城，终点位于淇滩镇。途经淇滩农业园区、甘溪、夹石。路线为风景道主道经由夹石、桶井等节点，进入德江、沿河等交通枢纽进行交通集散的快速通道，同时，也为沿河县乌江东岸乡镇之间的连接以及旅游交通、经济等活动提供了保障，避免了风景道路网的断头路。路线主要利用既有省道，等级主要为三级。

D. 德江至共和。

路线起点位于德江县城，向东走，行至共和。路线为经由德江县，快速进入乌江风景道主道的快速通道。路线主要利用既有国道，等级为三级。

E. 河闪渡至石阡。

路线起点位于河闪渡，向西走，途经本庄，止于石阡县城。路线为经由石阡县城，快速进入乌江风景道主道的快速通道。路线主要利用规划高速和既有省道，等级为二级或三级。

F. 沿河至板场。

路线起点位于沿河县城，止于板场镇。路线与乌江风景道主道"沿河—淇滩—望牌"段重合。路线主要提级改建既有县道，等级为三级。

G. 德江至桶井。

路线起点位于德江县城，止于德江县桶井乡。路线与乌江风景道主道"夹石—望牌"段重合。路线主要提级改建既有县道，等级为三级。

③乌江风景道连接线。

乌江风景道连接线总共有8条，其中有3条与风景道主道的路线走向一致，路线重合。具体线路如下。

A. 河闪渡至河闪渡乌江画廊。

路线起点位于石阡县河闪渡，沿乌江东岸延伸，止于石阡县河闪渡乌江画廊景区。路线是连接乌江风景道主道与一般性旅游资源节点的连线。路线为新建沿江道路，等级为三级或四级。

B. 思林至本庄。

路线起点位于思南县思林，终点位于石阡县本庄。途经两河口挂壁营地、街子村、塘头、荆竹园白号军遗址和文家店。线路连接了思南县乌江东岸众多乡镇、旅游景区、旅游营地等，是辐射东部山区的重要旅游经济路线，并与乌江风景道主道连接。路线主要利用既有省道、县道和乡道，等级为三级或四级。

C. 长堡至德江乌江画廊。

路线起点位于德江县长堡，沿乌江东岸延伸，止于德江乌江画廊景区。路线是连接乌江风景道主道与一般性旅游资源节点的连线，且与风景道主道"长堡—夹石"段路线重合。路线主要提级改建沿江乡道，等级为二级。

D. 桶井至桶井星空营地。

路线起点位于德江县桶井，终点位于德江县桶井星空营地。路线是连接乌江风景道集疏线与旅游接待及服务设施节点的连线，与风景道主道"夹石—望牌"段路线重合。路线主要利用既有县道和省道，等级主要为三级或四级。

E. 沿河至大溪村。

路线起点位于沿河县城，向北沿乌江西岸延伸，止于沿河县大溪村。是连接乌江风景道主道与一般性旅游资源节点的连线，主要利用既有县道，等级为三级或四级。

F. 木梓岭连接线。

路线起点位于乌江风景道主道板场镇，终点位于沿河县木梓岭村，是连接乌江风景道主道与一般性旅游资源节点的连线。路线主要提级改建既有乡道，等级为三级或四级。

G. 洋溪村连接线。

路线起点位于沿河县板场镇，终点位于沿河县洋溪村，是连接乌江风景道主道与旅游资源节点的连线。路线主要提级改建既有乡道，等级为三级或四级。

H. 新景至沿河。

路线起点位于沿河县城，终点位于沿河县新景乡。线路与乌江风景道主道"沿河—洪渡"段重合。路线主要利用既有省道，等级主要为三级或四级。

表 6-13 乌江风景道路网布局方案表

风景道路线	主要连接节点	路线起终点		路线走向	路线性质 （新建/利用/提级改建）	道路等级	备注
		起点	终点				
乌江风景道主道	河闪渡—洪渡	河闪渡、文家店、白鹭湖国家湿地公园、思林、思南、思南乌江水利风景区、思南花花营地、潮砥、长堡、白果坨国家湿地公园、共和、夹石、望牌、洪渡河（沿河乌江国家湿地公园、乌江山峡风景名胜区）、思渠、麻阳河国家自然保护区、洪渡	河闪渡	洪渡镇	河闪渡—文家店	河闪渡至石灰坨为新建	二级	—
				文家店—白鹭湖国家湿地公园	石灰坨至文家店为提级改建	二级	—
				白鹭湖国家湿地公园—思林	利用思南县部家桥至长坝农村路网规划的环湖公路	二级	—
				思林—思南水利风景区	利用思南县部家桥至长坝农村路网规划的环湖公路	二级	—
				思南水利风景区—思南	利用 S203	二级	—

续表

风景道路线		主要连接节点	路线起终点		路线走向	路线性质 （新建/利用/提级改建）	道路等级	备注
			起点	终点				
乌江风景道主道	河闪渡—洪渡	河闪渡、文家店、白鹭湖国家湿地公园、思林、思南、思南花花营营地、潮砥、长堡、白果坨国家湿地公园、共和、夹石、望牌、淇滩、沿河（沿乌江山峡风景名胜区）、思渠、乌江山峡、麻阳河国家自然保护区、霸王谷、乌江、洪渡、河闪渡	河闪渡	洪渡镇	思南—思南花营地	提级改建X653	二级	—
					思南花营地—潮砥	提级改建既有乡道	二级	—
					潮砥—长堡	提级改建X618	二级	—
					长堡—白果坨国家湿地公园	利用G352	二级	—
					白果坨国家湿地公园—共和		二级	—
					共和—夹石	新建沿江道路	三级	与乌江风景道集疏线"洪滩—德江"，乌江风景道连接线"桶井—桶井星空营地"部分路段重合
					夹石—望牌	提级改建X6B4和X622	三级	
					望牌—淇滩	利用S303	三级	—
						提级改建X622和X646	三级	与乌江风景道集疏线"沿河—板场"部分路段重合

续表

风景道路线	路线起终点 起点	路线起终点 终点	主要连接节点	路线走向	路线性质（新建/利用/提级改建）	道路等级	备注
乌江风景道主道	河闪渡	洪渡镇	河闪渡、文家店、白鹭湖国家湿地公园、思林风景区、思南、思南花花营地、潮底、长果堡、白果坨国家湿地公园、淇滩、望牌、夹石、共和、沿河、霸王谷(沿河乌江国家湿地公园、乌江山峡风景名胜区)、思渠、麻阳河国家自然保护区、洪渡	望版—淇滩	利用G211	二级	—
				淇滩—沿河	利用S303	三级	—
					利用G211	二级	—
				沿河—霸王谷(沿河乌江国家湿地公园)	利用G326	二级	与乌江风景道"新景集疏线""沿河—思渠/沿河"部分路段重合；路线经过霸王谷和思渠时，采用园区道路分别连接沿河乌江国家湿地公园和乌江山峡风景名胜区
				霸王谷—思渠(贵州沿河乌江山峡风景名胜区)	利用S411	三级	—
				思渠—麻阳河自然保护区	利用S411	三级	—
				麻阳河自然保护区—洪渡	利用S411和S203	三级	—

续表

第6章 基于节点重要度的乌江风景道路网布局研究

风景道路线	主要连接节点	起点	终点	路线走向	路线性质（新建/利用/提级改建）	道路等级	备注
思南—文家店	思南、思林、枫芸、香坝、长坝、思南石林、思家店	思南县城	文家店	思南—思林	利用思南县郡家桥至长坝农村路网工程规划的环湖公路	二级	与风景道主道"思南—思南水利风景区—思林"段重合
				思林—枫芸	利用既有乡道	三级	—
				枫芸—香坝	利用S204	三级	—
				香坝—长坝	利用S204	三级	—
				长坝—思南石林—文家店	利用思南县郡家桥至长坝农村路网工程规划的环湖公路中长坝至文家店段	二级	—
德江—淇滩	淇滩、淇滩农业园区、甘溪、夹石、德江	淇滩镇	德江县城	淇滩—淇滩农业园区			
				淇滩农业园区—甘溪	利用S303	三级	—
				甘溪—夹石			
				夹石—德江			
德江—共和	德江、共和	德江县城	共和镇	德江—共和	利用G352	三级	—
石阡—河闪渡	石阡、本庄、河闪渡	石阡县城	河闪渡	石阡—本庄	利用规划的石湄高速	二级	—
				本庄—河闪渡	利用S305	三级	—
沿河—板场	沿河、板场	沿河县城	板场镇	沿河—板场	提级改建X646	三级	与风景道主道"望牌—淇滩"段重合

乌江风景道集疏线

109

续表

风景道路线	主要连接节点	路线起终点		路线走向	路线性质（新建/利用/提级改建）	道路等级	备注
		起点	终点				
乌江风景道集疏线 德江—桶井	德江、桶井	德江县城	桶井乡	德江—桶井	利用S303 提级改建X622	三级	与风景主道"夹石—望牌"段重合
河闪渡乌江画廊—河闪渡	河闪渡乌江画廊、河闪渡	河闪渡服务区	河闪渡乌江画廊景区	河闪渡乌江画廊—河闪渡	新建沿江道路	三级或四级	—
乌江风景道连接线 思林—本庄	思林、两河口挂壁营地、街子村、塘头、荆竹园白号军遗址、文家店、本庄	思林乡	本庄	思林—两河口挂壁营地	提级改建沿江乡道	四级	—
				两河口挂壁营地—街子村	利用X646		—
				街子村—塘头			—
				塘头—荆竹园白号军遗址	利用S305	三级	—
				荆竹园白号军遗址—文家店	提级及改建乡道	四级	—
				荆竹园白号军遗址—本庄	利用S305	三级	—
长堡—德江乌江画廊	德江乌江画廊、长堡	德江乌江画廊景区	长堡镇	长堡—德江乌江画廊	提级改建沿江乡道	二级	与风景主道"长堡—夹石"段重合

续表

风景道路线	主要连接节点	路线起终点起点	路线起终点终点	路线走向	路线性质（新建/利用/提级改建）	道路等级	备注
桶井星空营地—桶井	桶井星空营地、桶井	桶井星空营地	桶井乡	桶井星空营地—桶井	利用X622	四级	与风景道主道"夹石—望牌"段重合
沿河—大溪	沿河、大溪村	沿河县城	大溪村	沿河—大溪村	利用S303	三级	—
木梓岭连接线	板场、木梓岭村	板场镇	木梓岭村	板场镇—木梓岭村	利用既有乡道 提级改建X622	三级或四级	—
洋溪连接线	板场、洋溪村	板场镇	洋溪村	板场镇—洋溪村	提级改建乡道	三级或四级	—
乌江风景道连接线 沿河—新景	沿河、官舟、官舟循环农业产业园区、霸王谷、思渠、新景	沿河县城	新景乡	沿河—官舟	利用沿德高速德江至沿河段	二级	与风景道主道"沿河—洪渡"段重合
				官舟—官舟循环农业产业园区	利用S411	三级	—
				官舟循环农业产业园区—霸王谷	利用S411	三级	—
				霸王谷—思渠	利用S411	三级	—
				思渠—新景	利用S411和S203	三级	—

参 考 文 献

[1] 孙冰颖，吴松蔚，常雪松，等."草原天路"的旅游交通提升[J].中国公路，2018（09）：62-65.

[2] 王炜，邓卫，杨琪.公路网络规划建设与管理方法[M].北京：科学出版社，2006.

[3] 余青，樊欣，刘志敏，等.国外风景道的理论与实践[J].旅游学刊，2006（05）：91.

[4] BOEING G. OSMnx：New Methods for Acquiring，Constructing，Analyzing，and Visualizing Complex Street Networks[J].Computers Environment & Urban Systems，2017（65）：127.

[5] 李娟.区域公路网络分析[D].成都：西南交通大学，2008：61.

[6] 刘昭敏.基于通达程度的公路网功能层级划分研究[D].西安：长安大学，2010：34.

[7] NIKOLAIDES A. Highway engineering：Pavements，Materials and Control of Quality[M].CRC Press，2014：56.

[8] 曲福田.典型国家和地区土地整理的经验及启示[J].资源与人居环境，2007（20）：12.

[9] HAYASHI K.The Japanese experience with the Blue Book and subsequent activities in environmental biosafety of GMcrops[J].Environmental Biosafety Research，2006，5（4）：237.

[10] 王元庆，陈少惠.飞地城市型开发区公路网规划方法[J].长安大学学报(自然科学版)，2005（05）：75.

[11] 苑文萍，许永永，梁先登.新型城镇化建设中的县域公路网规划[J].交通标准化，2014，42（11）：39.

[12] ROGERS M. Highway engineering[M].Blackwell Publishing Ltd，Oxford，2008：35.

[13] 秦霞，顾政华，李旭宏.区域公路网布局规划方案的连通度评价指标研究[J].土木工程学报，2006（01）：112.

[14] 张生瑞，周伟.公路网规划理论与方法[M].北京：中国铁道出版社，2009.

[15] 裴玉龙.公路网规划[M].北京：人民交通出版社，2011.

[16] SISKOS J，Assimakopoulos N. Multicriteria highway planning：A case study[J].Mathematical & Computer Modelling，1989，12（10-11）：1401.

[17] Baonan G，Shaoqin Z，Ning H，et al. Discussion of Several Problems in Highway Network Planning[J].China Journal of Highway and Transport，1997（1）：78.

[18] 关昌余.国家高速公路网规划理论与方法研究[D].哈尔滨：哈尔滨工业大学，2008：55.

[19] POTOCNIK I. The Environment in Planning a Forest Road Network[J].Springer Netherlands，1998：22.

[20] MEYER M D. Transportation Planning Handbook：Institute of Transportation Engineers[J].Wiley，2016：31.

[21] MARSHALL S. Streets and Patterns[J]. Classification，2005，56.

[22] 田雨佳. 基于旅游资源学视角的旅游公路网布局理论与方法研究[D]. 西安：长安大学，2012：33.

[23] AHERN J. Ecological Networks and Greenways：Greenways in the USA：theory，trends and prospects[J]. 2004：20.

[24] Chia LT，Lee BS，Yeo CK. Information technology and the Internet：the Singapore experience[J]. Information Technology for Development，1998，8（2）：102.

[25] 袁艳华，徐建刚，张翔. 基于适宜性分析的城市遗产廊道网络构建研究——以古都洛阳为例[J]. 遥感信息，2014，29（03）：118.

[26] DAVIS T. Documenting America's National Park Roads and Parkways[M]. Baltimore：The Johns Hopkins University Press，2006.

[27] 涂万堂，张曙光. 旅游公路网布局规划研究[J]. 中外公路，2012，32（03）：10.

[28] TURNER T. Greenways，blueways，skyways and other ways to a better London[J]. Landscape & Urban Planning，1995，33（1-3）：269.

[29] FÁBOS J G，RYAN R L. An introduction to greenway planning around the world[J]. Landscape & Urban Planning，2006，76（1-4）：1.

[30] 王思思，李婷，董音. 北京市文化遗产空间结构分析及遗产廊道网络构建[J]. 干旱区资源与环境，2010，24（06）：52.

[31] DEMIR M. Impacts，management and functional planning criterion of forest road network system in Turkey[J]. Transportation Research Part A Policy & Practice，2007，41（1）：56.

[32] TARIMO M，WONDIMU P，ODECK J，et al. Sustainable roads in Serengeti National Park：gravel roads construction and maintenance[J]. Procedia Computer Science，2017，121：329.

[33] PUTH L M，ALLEN T F H. Potential Corridors for the Rusty Crayfish，Orconectes Rusticus，in Northern Wisconsin (USA) Lakes：Lessons for Exotic Invasions[J]. Landscape Ecology，2005，20（5）：567.

[34] YANG BO L S. Design with Nature：Ian McHarg's ecological wisdom as actionable and practical knowledge[J]. Landscape & Urban Planning，2016：21.

[35] FINN J. Greenway Planning：Developing a Landscape Ecological Network Approach[J]. Landscape & Urban Planning，1995，33（1）：179-193.

[36] 余青，吴必虎，刘志敏，等. 风景道研究与规划实践综述[J]. 地理研究，2007（06）：1274.

[37] 邱海莲，余青. 作为线型旅游目的地的风景道空间结构——以哥伦比亚河历史公路为例[C]//中国城市规划学会、南京市政府. 转型与重构——2011中国城市规划年会论文集. 东南大学出版社，2011：3425.

[38] 邱海莲. 风景道路侧游憩服务设施规划设计[D]. 北京：北京交通大学，2012：45.

[39] 陆大道. 关于"点—轴"空间结构系统的形成机理分析[J]. 地理科学，2002（01）：2.

[40] 陆大道. 空间结构理论与区域发展[J]. 科学，1989（02）：109.

[41] 魏敏. 我国滨海旅游度假区的开发及保护研究[J]. 中国社会科学院研究生院学报，2010（03）：78.

[42] 鲁晓丽. 公路网规划方法与实证研究[D]. 辽宁：大连海事大学，2008：68.

[43] 姜镇. 综合运输体系下城市公路网络布局方法研究[J]. 交通标准化，2014，42（13）：11.

[44] 管楚度. 交通区位论及其应用[M]. 北京：人民交通出版社，2000.

[45] 牟红，刘聪. 景区经营与管理[M]. 上海：格致出版社，上海人民出版社，2011.

[46] 张凌云，刘威. 旅游规划理论与实践[M]. 北京：清华大学出版社，2012.

[47] 王羽. 旅游资源学[M]. 武汉：武汉大学出版社，2013.

[48] 王德刚，王蔚. 旅游资源学教程[M]. 北京：清华大学出版社，2011.

[49] 马勇. 旅游学概论[M]. 北京：旅游教育出版社，2004.

[50] 全华，王丽华. 旅游规划学[M]. 辽宁：东北财经大学出版社，2003.

[51] 任苏敏. 上海迪士尼跟团游线路时空特征研究[D]. 上海：华东师范大学，2019：20.

[52] 张水舰. 基于GIS-T的城市交通最优路径诱导算法研究[D]. 成都：西南交通大学，2010.

[53] 许文斌，王颖. 树状给水管网布置形式优化设计[J]. 水资源与水工程学报，2014，25（6）：226.

[54] 王伟，孟思燕. Kruskal算法的研究与改进[J]. 重庆文理学院学报（自然科学版），2010，29（3）：25.

[55] 涂鹏，张恒，孙建春. 基于权矩阵的通风网络最小生成树算法研究[J]. 铁道科学与工程学报，2018，15（9）：2285.

[56] 邱荣祖. 公路交通运输工程[M]. 厦门：厦门大学出版社，2001.

[57] 王炜，过秀成. 交通工程学[M]. 2版. 南京：东南大学出版社，2011.

[58] 王庆云. 交通运输发展理论与实践[M]. 北京：中国科学技术出版社，2006.

[59] 李天元. 旅游学[M]. 2版. 北京：高等教育出版社，2006.

[60] 吴必虎，俞曦. 旅游规划原理[M]. 北京：中国旅游出版社，2010.

[61] 寇玮华. 交通网络应用优化理论与方法[M]. 成都：西南交通大学出版社，2018.

[62] 莫辉辉，王姣娥. 复杂交通网络：结构、过程与机理[M]. 北京：经济管理出版社，2012.

[63] 乔忠. 中国小城镇现代服务业发展研究[M]. 北京：中国经济出版社，2005.

[64] MARSHALL S. Streets and patterns[M]. London：Routledge，2004.

[65] MEYER M D. Transportation planning handbook：institute of transportation engineers. [M]. New Jersey：Wiley，2016.

[66] AHERN J. Ecological networks and greenways：greenways in the USA：theory，trends and prospects[M]. Cambridge：Cambridge University Press，2010.

[67] JONGMAN R H G，PUNGETTI G. Ecological networks and greenways：concept，design，implementation[M]. Cambridge：Cambridge University Press，2004.

[68] RODRIGUE J P，COMTOIS C，SLACK B. The geography of transport systems[M]. 3rd edition. London：Routledge，2013.